近江商人のビジネス哲学

童門冬二
Fuyuji Domon

SUNRISE

近江商人のビジネス哲学

目次

琵琶湖のアユにまなぶもの

近江商人が日本全国に商売を広げることができた理由、それは彼らが、品物だけでなく「日本人の心」を運んだからだ。荒れ野を耕すような精神で行商に歩いた琵琶湖のアユたち——その「哲学」に、我々は今こそ学びたい。

近江に残る日本の心

わたしはいま、佐賀県の「吉野ヶ里大使」ほか、いくつかの地方自治体から、いわゆる〝大使〟と呼ばれる役に任命されている。

これは東京にいて、仕事をするかたわら、「その自治体の広告塔になって欲しい」ということだ。だから、毎月、それぞれの自治体が発行した住民向けのＰＲ資料などが送られてくる。わたしは丹念に読む。そして、できるかぎりそれぞれのいいところを吹聴する。

滋賀県からは、「あきんど大使」を命ぜられたり、近江歴史回廊大学学長・滋賀県文化賞などもいただき、御縁が深い。

滋賀県については、実をいえば県の広告塔になるよりも、わたしのほうが何度も滋賀県にいって、仕事の肥料を汲み取ってきているので、こっちのほうが世話になっている。

もともとわたしがライフワークとして設定したテーマは、

「日本人の心」

である。その日本人の心をもっともわかり易い形で書いたのが、内村鑑三さんの『代表的日本人』だ。

内村さんは、明治末期に日本がふたつの戦争に勝って、いよいよ軍事大国に方向を定めたことを恐れ、

「ほんとうの日本人は、エコノミックアニマルでもなければ戦争好きでもない。ほんとうは他人の悲しみや苦しみをみすごすことができない、やさしい民族なのだ」

ということを外国人に知らせるために、この本を書いた。具体的な人物の行動をもって、それを示そうとした内村さんは、

西郷隆盛
上杉鷹山
二宮金次郎
中江藤樹
日　蓮

の五人を選んで、それぞれの言行を通じて、

「ほんとうの日本人の姿」

を示した。

わたしはこの順に従って、いま力不足ながらも小説化を試みている。

すでに、西郷隆盛、上杉鷹山、二宮金次郎は小説に仕立て上げた後、一九九九年には中江藤樹もようやくこぎつけることができた。中江藤樹はいうまでもなく、

「近江聖人」

と呼ばれた地域のすぐれた学者である。とくにかれの母親に対する親孝行は有名だ。琵琶湖畔の小川村というところで暮らした。JR湖西線の安曇川《あどがわ》駅で降りると、駅前にしっかりと正座した中江藤樹の大きな座像がわれわれを迎えてくれる。そして、藤樹が地域の人々に学問を教えた藤樹書院の跡も健在だ。

この藤樹書院を、わたしはすでに何度か訪ねている。面白い発見をした。

それは藤樹書院の門の前に、小さな溝が流れている。生活排水の用水路なのだが、この中に驚くべきことを発見した。それは、水の中に緋鯉《ひごい》がたくさん泳いでいることだ。しかし、ちょっと水のきれいな川なら、鯉をはじめ魚が泳いでいるところは全国にたくさんある。ここで発見したのは、鯉だけではない。

溝の中に、小さな台が据えられていて、その台の上に盆栽が並べられている。これには驚いた。

話をきくと、この町では、

「藤樹先生の精神を生かして、町を美しくしよう」

という活動が続けられているという。これは全国に誇ってもいいような近江の美談である。

つまり、こういうことがわたしがいま懸命になって復活しようとしている、

「日本の心」

なのである。

そして、この日本の心を、行商という形によって日本全国に広げていったのがすなわち、

「近江商人」

なのだ。

近江商人については、よく、

「琵琶湖のアユは、外に出て大きく育つ」

といわれる。しかしわたしがいま「あきんど大使」を命ぜられて、広げようとしている

近江商人の精神とは、

「琵琶湖のアユは、残ったアユも大きく育つ」

ということだ。

たしかに近江では、外に出ていって大きく育ったアユは多い。が、それだけでは困る。残ったアユも、地域活動の中で大きく育つことが、滋賀県の発展につながる。

女性の進出と地域還元

わたし自身は、近江商人たちから次のようなことをまなんでいる。よく近江商人の特性は、
勤勉
倹約

正　直
堅　実

などといわれる。しかしそれだけではない。商人だから、当然大坂の商人であり作家だった井原西鶴の『世間胸算用』や『日本永代蔵』などに書かれた、いわゆる、「上方商人の特性」を、近江商人も持っている。上方商人の特性とは、

始　末
算　用
才　覚

のことである。始末というのは「倹約」のことであり、算用というのは「財政を重んずる、すなわち入るをはかって出づるを制する」ということであり、才覚は、「いくら始末をしても勘定が合わない時におこなう自己努力」のことをいう。これは俗に、

「カネがなければチエを出せ。チエがなければアセを出せ」

といういい方になる。

近江商人は、まさにこの「始末・算用・才覚」の実践者でもあった。

さらに、わたしが近江商人からまなぶのは、この時代ですでに、
・女性の大幅進出
・利益の地域への還元
が積極的におこなわれていたことだ。

近江商人は、天秤棒《てんびんぼう》を担いで諸国へ物を売りにいった。いった先で、上方にない品物があれば逆にそれを仕入れた。したがって、この〝いってこい〟式の商売を、

「ノコギリ方式」

と呼んだ。

そして近江商人は、

「本店を近江に置いて、支店を京都・大坂・江戸などに出す」

ということを実行した。

そして、本店を守り抜いたのは妻である。すなわち女性だ。

したがって本店を守る女性の役割は、
・在庫管理

・使用人の研修
・使用人の人事異動
もちろん、この他に、
・本店の経理
がはいる。これをおこなうためには、並大抵な努力では追いつかない。そのために、女性たちはすでに娘の時代から、大きな商人の家にいって修業した。そして嫁にいく。

だからいかに京都や大坂や江戸に、大きな店を構えても、それはあくまでも、

「支店」

であって、本店ではない。本拠はあくまでも近江に置いていた。

「利益の地域への還元」

をおこなった近江商人は、数えきれない。その方法も、教育機関、あるいはレクリエーション施設、さらに道路などの基盤整備などにも積極的に金を出した。

中には、自分の地域とはまったくかけはなれた遠くの道路をなおした人もいる。まわりの人が、

「なぜあんな遠くの道路をなおすのだ?」

ときくと、

「遠くの道路をなおせば、そっちのほうからこの地域へもお客さんがたくさんきてくれる」

と、その商人はわらって答えたという。

明治維新後、勝海舟のところによく遊びにきた近江商人が、

「いま少しお金が余っています。なにか地域のためにいい使い道はありませんか？」

ときいた。勝海舟は、

「吉野の桜や、京都の紅葉をたくさん植えて、住民たちに楽しませたらどうだ？」

といった。その商人は、

「なるほど」

と感心し、吉野山から桜の苗木をたくさん分けてもらったり、京都のカエデの苗木を分けてもらったりした。それを地域の丘に植えて、四季の移りかわりには、桜の花や紅葉の美しさを地域住民が楽しめるようにした。

こういう話は数限りなくある。

二宮金次郎との相似性

わたしが、

「日本人の美しい心の回復」

に関心を持ち、それを作品の上に生かしていきたいということは、

「可能な限り日本各地に、そういう心を持った人を発見する」

という方法を取っている。

したがって、近江商人に日本の心を感じ取っても、近江商人だけが日本の心を持っていたとは思っていない。たとえば前に書いた、内村鑑三さんの『代表的日本人』に登場する二宮金次郎についても同じだ。

二宮金次郎の、「努力方法」は、次の四本の柱によって組み立てられている。

分　度
勤　労（苦）

推　譲

報　徳

である。

分度というのは、

・収入に応じて、自分の生活の限界を定めること、すなわち生活の分限を設けること
　である。

勤労あるいは勤苦というのは、

・能力に応じて、一所懸命働く。その能力も、まだかくれているものを自己努力に
　よって引き出す

ということだ。

こうして、目一杯勤労（苦）すれば、すでに定めた分度によって、場合によってはその能力の得たものが余ることがある。それを金次郎は、

・自分にさし出す
・家族にさし出す
・地域の人びとにさし出す（他人にさし出す）
・国にさし出す

というように、段階的にさし出す相手を拡大していく。これを「推譲」と呼んだ。

金次郎によれば、

「推譲を受けた相手は、かならずその徳に報いようとする気持を持つ。すなわち感謝の気持を持つ。この感謝の気持は、具体的行動によって示される」

といった。この考え方を「報徳」と名付けたのである。したがって二宮金次郎の思想は、

「報徳思想」

と呼ばれる。

この二宮金次郎の分度・勤労（苦）・推譲・報徳という考え方も、そのまま近江商人の精神とオーバーラップする。

近江商人は、東海道筋ではあまり定住・定着しなかったといわれる。近江商人が一番歩いたのは中山道だという。中山道はその名のとおり山が多い。つまり近江商人の考え方は、

「東海道は、たくさんの人が往来する。中山道は山が多いから、場合によっては避ける場合がある。人を避ける道を、自分たちは辿ろう」

という精神だ。これはそのまま二宮金次郎のいう、

「勤苦（田を耕すにしても、とくに荒れ地のような辛い場所を耕すこと）」

の精神につながっていくものだ。

このシリーズでは、

「近江商人のビジネス哲学」

と銘打って、近江商人がとくに顕著に示した、

「日本人の心」

を探るのが目的だ。同時に、

「それを現在生きているわたしたちの大きな参考にしたい」

ということにつながっている。

近江商人といっても、滋賀県内ではいろいろな地域で育った。日野・近江八幡・高島・五個荘などがその代表だ。しかし、厳密にこういう数カ所に限られたわけではなく、近江国に育った琵琶湖のアユは、すべて〝近江商人〟といっていい。そういう人を発見して、汎日本的さらに汎世界的に、近江商人が実践した〝日本の心〟を知ってもらいたい。

近江商人の基礎行動

近江商人の足跡は全国に広がっているが、その活躍が、温暖な東海道よりも、むしろ厳しい中山道に目立つのはなぜか。ここに近江商人の「基礎行動」がある。「つらいことから手をつける」。この心の大切さは、いまも昔も同じだ。

「星とともに」の勤労精神

わたしが近江商人にまなんでいることのひとつに、

「イヤなこと・つらいことから手をつける」

という生き方がある。格好いいようだが、これは事実だ。人間だれしも、イヤなこと・つらいことは、できるだけ後回しにしたい。しかしそれをやっていると、イヤなこと・つらいことにはなかなか手がつかない。結局は、そのイヤなこと・つらいことを棚上げにして、埃だらけにし手つかずのまま、処理を怠ってしまう。これが積み重なると、その人間の生き方自体に緩みが生じ、結局は、

「好きなことしかやらない」

ということになる。我儘な人間が育つ。

わたしの場合は、生きていくためにはイヤなこと・つらいことを避けて、好きなことだけをやっているわけにはいかない。とくに原稿の場合には「締切日」というのがあって、イヤでも、決着をつけなければならないリミットが設定される。

こういう時にいつも思い出すのは近江商人の基礎行動のことだ。基礎行動というのは、

「たとえイヤでも、そのことをきちんと積み重ねていく」

ということである。

いちがいに近江商人といっても、滋賀県内のいろいろな地域に拠点を持っていた。よくいわれるのが、日野、近江八幡、高島、五個荘《ごかしょう》、豊郷《とよさと》などの地域だ。

五個荘出身の有名な商人に、松居遊見《まついゆうけん》という人物がいる。江戸後期に活躍した近江商人で、五個荘に本店を置き、江戸、京都、大坂などに出店《でみせ》(支店)を設けていた。いわば、

「多店舗経営」

に成功した人である。

この松居遊見の屋号は「星久《ほしきゅう》」といわれていた。星久というのは、俗に〝トンボじるし〟ともいわれた。というのは、真ん中に棒が一本あって、両脇に点のようなものがつけられているので、トンボの眼のようにみえるからである。しかしこの棒は天秤棒《てんびんぼう》を表し、同時に両側の点は星を示していた。つまり、

「朝は、星をいただいて家を出て商売に勤《いそ》しみ、夕方には星をいただいて戻ってくる」

という勤勉な精神を象徴したものだ。それをシンボルにした。

これはまさに、

「勤労精神」

をいう。だから、どんなにイヤでもつらくても、夜が明ける前に商売に出、そして目一杯働いて、日が暮れる頃に戻ってくるということだ。

いまの人びとは、

「そんな思いはしたくない」

と考えるだろう。しかし、わたしのような仕事をしていると、実をいえばこの〝トンボじるし〟に象徴される「勤労精神」は欠くことができない。

わたしは、この勤労精神を、

「人間の基礎行動」

と受けとめて大切にしている。どんなに頭が良く、屁理屈をこねても、行動しない人間はきらいだ。能書きだけたれていて、こういう基礎的な労働を卑しむような人間は軽蔑に値する。

このつまりトンボじるしに象徴される勤労精神が、いまのわたしに、

「イヤなこと・つらいことからまず先に手をつけろ。松居遊見は、トンボじるしに示され

たように、まだ夜が明けないうちから天秤棒を担いで働いた。そして夜、星が出てから家に戻ってきた。それに比べればいまのおまえなどほんとうに楽なものだ」

と、つい怠けがちになる自分を戒める。

この松居遊見の基礎行動は、次のようなエピソードによってさらに倍加される。遊見の事業活動を、

「商魂・商略・商胆」

という三つの考え方によって分析した研究者がおられる。その中で、商魂について次のようなエピソードを紹介している。全体に近江商人は、あまり東海道方面では活躍していない。中山道を通って、東北方面に進出していった。だから現在の東北地方には、近江商人がそのまま住みついて、いまだに栄えている店がたくさんある。

つまり中山道を歩いていったということは、

「山だらけのつらい道」

を選んでいたということだ。

品物と情報を届けるホトケの心

ある時、松居遊見が天秤棒を肩に担いで行商に出た。連れがいた。ところが遊見にすれば、いつも歩いている道なので大したことはなかったが、連れの者ははじめて歩く道なので、つらくてしかたがない。険しい峠にさしかかった時、フウフウ息をつきながら、連れは思わず悲鳴をあげた。

「遊見さん、この峠はつらくてわたしはもう駄目だ。戻ります」

遊見はわらった。

「こんな峠ぐらいなんだ。これからもたくさんこういう峠があるよ。我慢して登ろう」

遊見に励まされて、連れは渋々峠を登りはじめたがまたこんなことをボヤいた。

「遊見さんは、どうしてこんな人の通らないような道ばかり選ぶのかね？　東海道をいけば、もっと楽ができるのに」

これをきくと遊見はわらった。そしてこういった。

「人が通らない道だからこそ商売になるのだよ」

「どうして？」

「人が通らなくても、山の谷間には必ず里がある。そこに住む人びとは、旅人たちからいろいろな情報を得て、どこの地域にはどんな品物があり、どこの町はどんな繁盛ぶりを示しているかなどと教えられる。そうなると、自分たちの生活に欠けている品物が欲しいし、またいろいろな情報も得たい。しかし、こんな険しい峠ばかり続けば、なかなかそういう品物も届けられない。そこが、われわれの目のつけどころなのさ」

「……？」


連れは驚いて遊見をみかえした。考えた。やがて、

「なるほど、そういうことだったのか。イヤな道・つらい道を辿ることによって、商売が繁盛するということだね」

そういった。遊見は首を横に振った。

「それだけじゃないよ。谷間に住んでいる人たちに、いろいろな地域の情報を伝えてあげることも大切なのだ。わたしはただ天秤棒を担いで品物を届けるだけではない。情報も届

けてあげるのだ。その情報が、谷間に生きている人たちにとってどれほどこれからの暮らしに役立つかわからないからね」

「……！」

連れは言葉を失った。まじまじと遊見をみた。その目の底に、

（遊見さんは、そこまで考えて商売をしていたのか）

という感嘆の色があった。

これは遊見のいうとおりだ。谷間の里に住む人たちは情報から遠い。隔絶されている。たまに通る旅人から、いろいろな土地の噂をきけば、

「都ではそんなことがあるのか」

と驚きの目をみはる。さらに生活を豊かにする品物をみせられれば、

「そういう品物はどこででき、どこで売っているのか？」

と関心を持つ。関心を持つだけではない。

「自分たちも欲しい」

と思う。その品物があれば、暮らしがどれだけ豊かになり、また便利になるかということを考えるからだ。だから、

（たとえ、溜めこんだヘソクリを全部はき出しても、そういう品物が欲しい。だれか届けてくれないだろうか）

と考える。

こういう需要に対する供給を、鈴木正三《しょうさん》という江戸初期のお坊さんは、

「商いは、ホトケの代行だ」

といった。ホトケというのはどこに存在するのかわからないが、高い所から人間生活をじっとみている。そしてここに書いたような谷間の里に住む人が、

「こういう品物を、だれか届けてくれないだろうか」

というニーズ（需要）がわいていることもみきわめている。しかしホトケ自身が天秤棒を担いでその品物を届けるわけにはいかない。ホトケも、

「だれかわたしの代わりに、そういう品物をあの里に届けてはくれないものか」

と思う。このホトケの意思を自分の気持ちとした近江商人たちが、天秤棒を担いでそういう谷間の里に品物を届けていくのは、鈴木正三からみれば、

「まさしくホトケの代行である」

ということになる。

だから正三は、

「天秤棒を担いで品物を届ける商人は、同行二人《どうぎょうににん》だ」

といった。同行二人というのは、八十八箇所の札所をめぐる信心深い人のことをいう。つまり信心深いから、その人がたったひとりで歩いていても、ひとりではない。必ずもうひとりついている。もうひとりというのはホトケだ。鈴を鳴らし、杖をついて歩いていく巡礼に対しては、ホトケがその一人ひとりについて、旅の安全や信仰の深さを守ってくれる。だから信心深い巡礼者はひとりで歩いていてもひとりではない。もうひとり連れがいるということだ。その連れがホトケなのだ。

「すべての人びとが、幸福に」

鈴木正三は、その頃から次第に日本の社会に定着しはじめた、

「士農工商」

という身分制によって、商人が一番劣位に置かれたことを悲しんでいた。そこで正三は商人を励ますために、

「士農工商というのは、身分制というよりも職業の区分だと考えたほうがいい」

といった。そして商人に対し、

「遠い山里の人びとに、必要な品物を届けてあげるのはホトケの代行なのだから、そのつもりで商売をするように。ホトケの代行ということは、暴利をむさぼったり悪い品物をいい品物だといって嘘をつくようなことはしてはいけない」

という意味も含まれていた。

松居遊見が、トンボじるしの精神を自分の基礎行動として、険しい中山道を主として選んだのは、そういう気持ちが働いている。

もうひとつ大事なことは、遊見のいった、

「品物だけでなく、情報も届けてあげる」

ということだ。これは単なる付加価値あるいは添え物ではない。情報も届ける品物に含まれる大切な要素なのだ。それは自分の品物を売りつけるために、おもしろおかしくあることないことを告げるということではなかった。

「大都会あるいは他の地域では、こういう暮らし方をしている。こういう品物がよく売れている」

ということを知らせることによって、その山里の暮らしを豊かにしようという気持ちが働いている。いってみれば、

「ヒューマニズム」

があった。

「すべての人びとが、幸福になろう」

ということを目標にして、険しい中山道の峠を越えていくのだ。おそらく松居遊見の連れも、遊見のそういう気持ちがわかったのに違いない。それからは文句もいわずに、一緒に張り切って歩いていった。

こういうことを思い出すたびに、わたしは自分に告げる。

「中山道の険しい山を越えていった松居遊見や連れの苦労に比べれば、いまのおまえのつらさなどほんとうにゼイタクなものだ。交通機関は発達し、電話、インターネット、なんでもある。それでいて、イヤなこと・つらいことなどあるものか。遊見の苦労を思い出せ」

と自分を叱り、励ますのである。そして、

「まずイヤなこと・つらいことから手をつけよう」

と、自分の勇気をふるい起こすのである。その意味では、松居遊見をはじめとする近江商人たちの基礎行動は、わたしにとっていつも欠くことのできない教訓なのだ。

地域愛の実践

——塚本定右衛門——

商いに努力を重ね、財産を蓄えた。ではそれをどのように使うべきか。実はそこでこそ、「商人の真価」が問われるのだ。「利益は私《わたくし》してはならない」。〝地域のおかげ、社会のおかげ〟を考え方の基本にするのが、近江商人なのだ。

海舟を感動させた近江人

明治維新後の勝海舟の所にはいろいろな人が出入りした。かれは会った人について、いろいろ座談で語った。その中に、

「江州の塚本定次《さだつぐ》という男は、実にめずらしい人物だ。数万の財産を持っておりながら、自分の身に奉ずることは極めて薄く、いつも粗末な着物を着ていて、ちょっと見たところはただの田舎親父としか思えない」

と書いている。塚本定次というのは、のちに本家の定右衛門を名乗る近江商人だ。

海舟の座談を続ければ、

「かれはしじゅうおれのところにいろいろな話をききにくるが、昨年もやってきて、『わたしも近ごろ思いがけずかなりの積み立て金ができましたが、せっかくできたものですから、なんとか有益なことに使おうと存じますけれども、自分ではどうもよい判断がつきかねますから、わざわざそのご相談に参りました』

といって自分の考えを示した。かれの考えでは、

・一半を学校に寄付する。
・残りは番頭たち従業員に配分してやる。

ということであった。面白いのでおれは賛成したよ」

また、海舟はさらに、

「この男の考えの非凡なことは決してそのときに始まったことではない。たしか一昨年のことだった。例のごとくやってきて、『わたしの所在地で荒れたままになっている所がかなりございます。普段から何か近辺の住民のためになるように使いたいと思っておりましたが、なかなかいい考えがありません。住民の中には安く土地を貸してくれという者もいますが、それに応じていると不公平になったりするので、渋っておりました。きょうご相談に参ったのは、いっそのことあの荒れ地にサクラやカエデを植えたらどうかということでございますが』と言うんだ」

「サクラやカエデ？」

海舟はきき返した。塚本定次はうなずいた。

「近所に住む人びとは貧しくて、働くのに精一杯でなかなか京都のモミジや吉野山のサクラを見にいくような暇がありません。ですからいっそのこと、吉野山に咲いているサクラや京都の美しいモミジの苗木を荒れ地に植えて、近所の人びとが季節になれば花見をしたり、モミジ狩りができるような場をつくったらいかがかと思いまして、ご相談に上がりました」

このときの海舟は、

「面白い考えだな、ぜひ実行しなさい」

と賛成した。このときの塚本定次のいい方は、

「一体人間には、こういう無形な快楽というものもぜひ何かなくてはなりませんから、そこでこういうような考えを起こしましたわけでございます。荒れ地を細切《こまぎ》れにしてすこしばかりの土地を貸してやるよりは、そのほうがはるかにためになると考えたからです」

といった。海舟は座談の中で、

「どうだ？　なかなか面白い考えつきではないか」

といっている。

地域への感謝

勝海舟が座談で話した塚本定次という商人の行動は、これもまた近江商人の特性であった、

「利益の地域への還元」

である。つまり、

「自分がほどほどの利益を得られるのは、なにも自分の努力だけが理由ではない。ご近所に住んでおられる方々の、温かい理解と協力があるからこそ商売ができるのだ」

という謙虚な振り返りである。したがって利益が得られれば、

「全部自分で使ってしまっては申し訳ない。ご恩のある近所の方々に、いくぶんなりともお返ししよう」

と考えて、その有効な使い途を考える。これは名を成した近江商人に共通することで、近江商人の中にはわざわざ遠い地域の道路修理に金を出した人物もいる。まわりから、

「あんな遠い所の道路修理になぜ金を出すのだ?」

ときかれると、その商人はこう答えた。

「遠い近いは関係ない。近江国を通る道の中で、悪い道路があれば直せる人間が直すことによって、人びとの往来が活発になる。それがひいてはわれわれの商売にも利益をもたらすのだ」

といった。

こういう考えは近江商人に共通していた。いってみれば、

「近江商人のコンセンサス(合意)」

である。つまり、

「利益は私《わたくし》してはならない。かならず地域にお返しする」

という理念だ。

勝海舟の所にきて、金の使い途を何度も相談した塚本定次は、代々神崎《かんざき》郡川並《かわなみ》村(現東近江市五個荘《ごかしょう》川並町)に住む家柄だった。はじめは、農業のかたわら布洗業をしていた。やがて定右衛門定悦の時代になって、家を興した。定悦は寛政元年(一七八九)生まれで、幼名を久蔵といい、十三歳のときに村中総出の愛知《えち》川堤の改修工事に参加して、子供に似合わぬ働きぶりをみせて人びとを感心させた。このへんは二宮金次郎の少年時代に

似ている。

ただ普段から注意深く、また商売気があった。そのため改修工事に出た帰りに、漬物の重し石に手ごろだと思うような石を持って戻ってきた。父は定悦の知恵に感心した。そして、

「その才能を生かして稼業を興したらどうだ。それが一番の親孝行だ」

といった。そこで定悦は農業をやめて、商売に志した。十九歳になったときに、わずかな資本で小町紅を仕入れ、これを東北地方まで持っていった。

また、文化九年（一八一二）頃、甲府で小間物類を行商して、しだいに商売の幅を広げ、呉服や太物《ふともの》（綿製品）を扱うようになり、「紅屋」という店号を持つ店を開いた。

安政五年（一八五八）に大飢饉が起こったとき、定悦は惜しげもなくいままで貯めた財産を全部放出して村びとを救った。

松居遊見を尊敬

勝海舟の話に出てくる塚本定次は、この定悦の長男だった。やがて父親の後を継ぎ、定右衛門と名乗った。かれは文政九年（一八二六）の生まれである。若いときから真面目で、つねに、

「松居遊見さんのようになりたい」

と遊見のやり方を尊敬していた。商売の方法としては、

- お客様の家の繁盛を祈ること
- 商品は注文されたらすぐ渡せるようにしておくこと
- 品物の吟味を厳重におこなうこと
- 総体的に無理をしないこと

そしてかれは、従業員がよく働いたときは褒め、失敗をしたときは決して叱らないよう

にしていた。安政の大地震が起こったときには、関東の商人が品物の引き取りで、いろいろとゴタゴタを起こした。しかし定右衛門は、

「約束した品物は全部買い取れ」

と従業員に命じて、問屋や仲買人との契約を完全に履行した。これが評判になって、

「塚本定右衛門はさすがだ」

といわれた。そんなかれだったから、地域の荒れ地にサクラやカエデを植えて、住む人びとがすこしでも楽しめるようなリクリエーションの場をつくろうと考えたのである。このサクラやカエデが植えられた荒れ地は、やがて公園になったという。

女性の活躍

――秀吉の妻――

「女性の力」抜きでは、近江商人は語れない。夫が行商の留守中に、店の全てを安心して任せられる妻があってこそ、近江商人は全国に広がった。そしてこの近江精神を学んだことで、後に近江から天下を取った夫婦がいた。

近江女性の独立性

近江商人のビジネス哲学で学ぶべきことのひとつに、

「女性の活躍」

がある。近江商人は最初の頃は近江国（滋賀県）に本店をおいて、主人はおもに行商に出た。天秤棒《てんびんぼう》を担いで、遠くの国へ出かけていく。したがって本店を守り抜くのは奥さんだ。女性である。

近江商人の店では、ほとんど女性が、

・本店の経理
・仕入れ
・在庫管理
・近所とのつき合い
・新人のしつけ（研修）

などをおこなった。したがって近江商人の妻になるのにはそれなりの訓育を受けた。近江商人のところへ嫁にいくために、多くの娘たちが商人の家で家事手伝いをすると同時に、商いの方法も学んだ。したがって近江商人のところへ嫁にいった時には、それなりの知識や技術を身につけていた。早くいえば、すぐ間に合ったのである。

こういうように、

「家は妻に任せておけばいい」

という安心感があったからこそ、主人が天秤棒を担いで幾日もあるいは何カ月も家を留守にして、安心して行商に専念することができたのである。

この、

「近江商人における女性の活躍」

を他国からきて、

「女性がこんなに活躍する国があったのか」

と感動して、今度は自分がその通り実行した歴史上の女性がいる。豊臣秀吉の妻ねね(おね)だ。

ねねの自主性

織田信長が、江北小谷城《ごうほくおだに》の主だった浅井《あざい》氏を滅ぼした後、秀吉に、

「サル、おまえに小谷城をやる」

といった。秀吉はありがたく頂戴した。が、小谷城は山の上にあるので不便でしかたがない。

「もっと便利なところがないだろうか」

あちこちさがし歩いた結果、今浜に目をつけた。今浜というのは琵琶湖畔にある商業港だ。秀吉は、信長の許可を得てたちまち城をつくりはじめた。そして今浜を長浜と地名変更した。長浜というのはいうまでもなく織田信長の名前から一字もらったものである。こういうところは秀吉はなかなか気がきく。

今浜あらため長浜に城を築いた秀吉は、城下町に商人を招き寄せた。

「信長様と同じように長浜の城下町では楽市楽座とする」

と宣言した。いまでいえば規制緩和である。つまり、

「商人は商売を自由におこなってよい。当分の間税金はかけない」

ということだ。現在の各地方自治体がおこなっている、

「企業団地の造成」

をおこない、そこに進出してくれた企業に対しては税制面で特別な優遇策をおこなうということである。それだけでなく秀吉は、

「城下町で働く者に対しては人頭税《にんとうぜい》（いまの住民税のようなもの）もかけない」

と宣言した。こうなると、

「長浜では税金がタダだ」

ということになる。これが評判になって、我も我もとあらゆる地域から長浜にどっと人が押し寄せてきた。特に農民がやってきた。これには弱った。

というのは、やってきた農民は秀吉の領地内だけではなく他の先輩大名の領地からも押し寄せてきたからである。

この頃は何といっても、税源は土地でできる農作物、特に米だから、農民が農村からいなくなってしまったのでは税収が減ってしまう。先輩の大名たちは秀吉に文句をいった。

「おまえがひとりでカッコイイことをするものだから、オレの領地からどんどん農民が

減ってしまった。城下町の無税制度をやめろ」

秀吉は弱った。そこでかれはまた掟を出した。

「長浜の城下町における無税制度は廃止する。むかしの通りとする」

これには住民たちがいっせいに不満の意を表した。

秀吉は力ずくでこれを抑え、両者の間に険悪な空気がみなぎった。

長浜にやってきた商人たちは相談した。

「せっかく長浜が、琵琶湖畔の中でも模範的なにぎわう都市になりかけたのに、これでは元の木阿弥になってしまう。残念だ」

そこで、

「どうしたらいいか」

と協議した。この時ある商人がいった。

「亭主の秀吉公はダメだが、奥さんのねね様は大変に才覚がある方だと伺っている。ねね様に陳情しようではないか」

そこで商人たちはそろってねねのところにやってきた。

「だんなの秀吉様が廃止した楽市楽座の制度を、もう一度復活してください」

ねねは弱った。それは亭主がやったことを女房がひっくり返すことになるからである。

「なぜ、亭主殿に頼まないのですか？」

ときいた。商人たちは、

「奥様の方がそういう才覚にあふれておられるとききましたので」

といった。ねねは苦笑した。しかし放ってはおけない。少なくともいまのねねは長浜城の主の妻だ。

ここでねねはかねてから見、聞き、そして、

「これはすばらしい」

と感じてきた、

「近江商人の妻の実態」

のことを頭の中にひらめかせた。ねねの知っている近江商人の妻は、独立した存在であって、亭主に隷属してはいない。はっきり自分の意見を持ち、行動力も持っている。それだけに主人も安心して天秤棒を担いで行商に出かけていく。

普通、主人と妻の関係で、妻の立場は、

「内助の功」

といわれる。主人が主であって妻は従の存在であり、

「主人の仕事の補完的存在」

に徹していた。しかし近江商人の妻は違う。

「独立した人格を持つ主人と両立する存在」

である。ねねは商人たちが自分のところに嘆願にきたことに責任を感じていた。

「ただ秀吉殿にお願いをすればいいというものではない。わたし自身の決意でこのことを解決しよう」

と思った。そこで秀吉にこのことを話した。

秀吉は目をむいた。

「なぜオレのところにこないのだ?」

「あなたが信用できないからです」

「なぜ信用できない?」

「この間出した掟をすぐひっくり返すようなことをなさるからです。そういう領主に対して領民は不信の念を抱きます。商人たちも同じ考えで、あなたに頼んでもしかたがないのでわたしのところにやってきたのです」

「で、おまえはどうするつもりだ？」

「楽市楽座の掟をもう一度出してください」

「それはできない。あの掟によって農村からもどんどん農民が流れ込んでくる。先輩たちに申し訳ない。あれは廃止する」

「ダメです」

ねねはピシッといった。秀吉はびっくりした。

「いつもと違うな。なぜそんなに頑張るのだ？」

「考えてもごらんなさい。あなたが合戦に出た後、城を守るのはわたしの役目です。近江商人も同じです。近江商人が行商に出かけた後は、妻が店を守り抜いています。わたしもあなたが合戦に出かけた後は、城に残って経理や、足りない品物の調達や、城で働く使用人たちの監督をおこないます。近江商人の店となんら変わることはありません。あなたがいない留守の間、城を守り抜くのはわたしです。城を守り抜くためには、町の人々、特に商人の協力と支持がなければ不可能です。そんな時に、あなたがいったん出した掟をひっくり返して、商人たちの憎しみをかったままで出かけてしまったら、後に残ったわたしはどうなると思うのですか。ここのところをよく考えてください」

「?」

滔々《とうとう》とまくしたてるねねの気迫に、秀吉は圧倒された。呆れてねねをみつめた。やがてにやりと笑った。

「女房殿、おまえは大した女性《にょしょう》だな」

「そうでもありません」

ねねもさすがにいいすぎたと反省した。しかし秀吉は大きくうなずいた。

「わかった。楽市楽座はもとへ戻そう」

「戻してくださいますか?」

「戻す。しかしそのことはおまえから商人たちに話してやれ。オレの出る幕ではない」

「でも」

「いい、そうしてくれ。おまえがいった、亭主が城を留守にしている間、城を守り抜くのは女房だ、という言葉が身に沁みたよ。その女房が安心して城を守るためには、確かにおまえのいうように城下町の商人や住民たちが協力してくれなければダメだ。かれらが城の主を憎んでいたら、残された女房や家族に対してもろくな扱いはしないだろう。おまえのいう通りだ。だからこのことはおまえの口から商人たちに伝えた方がいい。その方が商人たちのおまえに対する信頼度が増す」

こうして長浜の城下町には再びにぎやかさが戻った。そうさせたのはねねである。そのねねも、近江商人の主人と妻の関係をみていて、

「近江では、女性が独立して生きている」

ということを感じとったためであった。

箱根の新緑にヒント
―西川甚五郎―

江戸に進出し、顧客を庶民にまで広げた西川甚五郎。彼はあるヒット商品を、顧客のニーズを的確に、深く捉えるところから生み出した。江戸から近江八幡への旅の途中で、甚五郎が掴んだ「庶民感覚によるニーズ」とは？

客を武士から庶民に

滋賀県の近江八幡市は、近江商人の有力な拠点だ。開いたのは豊臣秀次《ひでつぐ》だといわれる。秀次は〝殺生《せっしょう》関白〟という悪名を付《ふ》せられ、悲劇的な最期を遂げた。しかし現在でも近江八幡市の人びとは、

「近江八幡の町づくりの基礎は秀次がつくった」

と褒《ほ》め讃えている。当時としては珍しい碁盤の目状の街路、あるいは八幡堀のように琵琶湖に直接通ずる水路の開発などは、

「秀次が、いかに商人を大切にしていたかがよくわかる」

といわれている。

この秀次が近江八幡の町づくりをおこなった直後、西川甚五郎の先代がここへ移ってきて商売をはじめた。はじめは行商だった。西川家では、蚊帳《かや》を商売物として諸国に売り歩いた。とくに先代は、北陸方面に蚊帳を持っていき、売り尽すと帰りにはサバや、塩で加工した海産物を持って戻ってきた。これを他地域に売り歩く。こっちから持っていった品

物が売り切れたからといって、金だけ持って帰るようなことはしなかった。その金を資金にして、今度は向こうの名産品を買い込んでくるのである。いわゆる、

「ノコギリ商い」

である。これによって次第に財を成し、やがては江戸にも店を持てるようになった。

先代は、西川仁右衛門と名乗った。

二代目が西川甚五郎である。甚五郎もまた家に伝わってきた蚊帳を主軸に商いを続けていた。

当時の江戸は〝武士の町〟だ。つまり徳川家康が江戸を開発した当時から、江戸は、

「政治都市」

であったから、主体はなんといっても武士になる。やがて幕府が参勤交代の制度をはじめると、全国の大名が一年おきに江戸にやってくる。また、幕府は大名の妻子を人質同然にいつも江戸に住まわせたから、大名の家族は江戸暮らしを続ける。そうなると、当然その生活の面倒をみる商人や職人が必要になる。したがって、江戸の町は武士が主人であり、商人や職人がその補完をするという従属的な立場をとっていた。

商売もそのために、

「年二季決算」

というシステムがとられた。商人が品物の見本を持って武士の家屋敷にいく。武士のほうで気に入ったものがあれば、商人はそれを調達して届ける。しかし決済は盆か暮だ。いきおい、利子が加算されるから品物の値が高くなる。武士によっては、

「今季は払えない」

などといい出す者もいる。だから商人にとって武士相手の商売はじつにやりにくかった。

西川甚五郎は、このことを真剣に考えた。そして、

「客としては、武士の他に町のひとびとをもっと大切にしなければいけないのではないか」

と考えはじめた。江戸に住む長屋の八つぁんや熊さんなどいわゆる〝江戸っ子庶民〟も、客にすべきだと考えはじめたのだ。店の連中は反対した。

「長屋の八つぁんや熊さんが金を持っているはずがありません」

という。甚五郎は、

「そうかな」

と首を傾《かし》げた。かれはいままでいうマーケットリサーチを盛んにおこなった。庶民のたくさん集まる場所にいっては、かれらが話していることに耳を傾けるのである。庶民がたく

さん集まるのは、床屋や銭湯だ。甚五郎は積極的にそういうところにいった。そして大声で話し合っている八つぁんや熊さんの会話の内容に耳を傾けた。夏のころだ。銭湯にいくと長屋の連中が、

「長屋の水のはけが悪いものだから、蚊がわいてしょうがねえ。夜も蚊に食いつかれてろくに眠れねえ」

と口々に文句をいっているのが耳に入った。

(蚊?)

甚五郎は緊張した。蚊に食われて寝られないのなら、自分の店では蚊帳を商売物にしている。

(これは商売になるぞ!)

甚五郎は喜んだ。そこで急いで風呂からとび出すと、店に戻ってこのことを番頭たちに話した。番頭たちはまだ半信半疑だった。甚五郎は、

「いや、絶対に売れる。長屋の連中は、蚊に食われて夜もろくに寝られないそうだ」

といい立てた。

庶民が求めるのは〝涼しさ〟だ

そこで甚五郎は、嫌がる店の連中を励まして、江戸の長屋を歩きまわっては、

「蚊帳はいかがですか？　夜もゆっくり寝られますよ」

と売りに歩かせた。ところがサッパリ売れない。疲れ果てて戻ってきた店の連中は、口々に、

「旦那様、やっぱりだめですよ。長屋の連中は金がないのです」

と前からの自分たちの主張を改めて告げた。甚五郎は考えこんだ。かれは諦めきれなかった。というのは、銭湯できいた、

「蚊に食いつかれて、夜もろくろく寝られない」

と話し合っていた長屋の連中の悩みは、決して嘘ではなかったからである。

（どこか足りないものがある）

甚五郎はそう思った。足りないものというのは、甚五郎にすれば、

「自分はまだ完全に長屋の人びとの立場に立って、ものを考えていないのではないか？」

ということである。現在でいえば、

「客の立場に立って、客のニーズを考える」

ということだ。ものが売れないというのは、客のニーズに的確に対応していないからだ。だとすれば、甚五郎の店が売っている蚊帳が長屋の連中に歓迎されないのは、それなりの理由があるはずだ。

「それはいったいなんだろう?」

甚五郎は考え抜いた。

ある初夏の一日に、甚五郎は用があって近江八幡の本店にいくことになった。江戸を出ると東海道を辿《たど》った。やがて箱根路にさしかかった。

箱根の山はちょうど新緑の時季だ。新緑は、新しくこの世に生まれ出た植物の葉が自分たちの生命を力一杯、この世に表明する輝きだった。

その新緑の葉の海の底を、コツコツとひとりで辿りながら甚五郎は西へ向っていた。峠の頂きまでくると疲れた。ちょうど空腹を感じていたので、甚五郎は大きな木の下に座りこみ、持ってきたニギリ飯を食べた。腹が一杯になると眠くなった。思わず木の幹にもたれて居眠りをしてしまった。

やがて目がさめた。甚五郎は上をみあげた。そして思わず、

「あっ」

と声をあげた。それは、目の前に広がった新緑の色が、なんともいえない輝きを示していたからである。こんな感動的な経験ははじめてだ。甚五郎は食いいるように美しい葉の群れに視線を当て続けた。

かれの頭の中で、なにかがうずを巻きはじめた。それは、江戸でずっと考えこんでいた、

「うちの店で売る蚊帳にはなにかが足りない」

ということへの答えだった。

甚五郎の店で売る蚊帳は、別に染色もせずに生地をそのまま織ったものだ。蚊帳は麻糸でつくるから、どこかくすんだ色をしている。明るくはない。甚五郎は気がついた。

(蚊帳の色だ！)

つまり、江戸の銭湯できいた長屋の住人たちの会話を、ただ単に、

「蚊に食われて寝苦しい」

という事実だけに目を向けていたことに気がついたのだ。

「蚊に食われて寝苦しいのなら、蚊を防ぐ蚊帳を買えばいい。そうであるなら、自分の店

の蚊帳が長屋でも売れるはずだ」

と単純な思考方法で、物事を結論付けてしまった。それが間違いだった。甚五郎がこのとき気づいたのは、

「長屋の住人たちが求めているのは、蚊を防ぐことと同時に、涼しさなのだ」

ということである。これは大発見だった。甚五郎は木の下から立ち上がった。こうなると、矢も楯もたまらない。

店で売る蚊帳はすべて近江八幡の本店でつくっている。

「早く本店に駆けつけて、このことを知らせたい」

甚五郎の思いは、すでに故郷の近江八幡にとんでいた。甚五郎が箱根の山中で発見したのは、

「新緑の色で蚊帳を染めよう」

ということである。新緑の色で蚊帳を染めるということは、

「蚊帳を萌黄《もえぎ》色にしよう」

ということであった。これは現在のマーケティングでも非常に大切なことだ。甚五郎がこのとき発見したのは、

「長屋の連中の立場に自分の身を置いてみれば、狭い家で蚊に食われて寝苦しいときに感ずるのは、ただ蚊を防げばいいということだけではない。なんとかして涼しくなりたいという気持のほうが強いのだ。それに自分は応えていなかった」

ということである。現在も、

「産業の文化化・芸術化」

ということがしきりに主張される。これは、単に客がものを欲しがっているだけではなく、ものに付属する。

「客に対するいたわりややさしさ、そして思いやり」

などのソフトな付加価値を求めているということだ。だから、

「ハードな無機物にも、ソフトな付加価値が必要だ」

といわれる。これは、客の、

「深層心理」

にまで掘り下げ、それをニーズとして捉えるということだ。西川甚五郎は、この時点においてそのことをおこなった。

近江八幡の本店に戻ると、甚五郎はこのことを話し、

「うちでつくる蚊帳の色は萌黄色にしてもらいたい」

と告げた。そして、

「その萌黄色がさらに引き立つように、まわりを赤布で縁取ってもらいたい」

といった。この二重の工夫をほどこした蚊帳を江戸に持って帰ると、今度はとぶように売れた。甚五郎はニッコリわらった。つまりかれが箱根山中で感じた、

「江戸の庶民が、蚊を防ぐだけでなく、ほんとうに求めているのは涼しさなのだ」

という発想が、完全に的中したからである。この、

「庶民感覚によるニーズの把握」

もまた、近江商人にまなぶべき大きな姿勢であろう。

私心と公心のケジメ
——小林吟右衛門——

商人なら誰でも、出費を節約しようとする。しかし、それが「ケチ」と呼ばれるか「倹約」と呼ばれるかは、それが「私心」から出たか「公心」から出たかで決まる。幕末の井伊家を救ったのも、ある近江商人の「公心」だった。

ケチと倹約の違い

心ある商人にきくと、

「ケチと倹約とは違う」

という。どう違うかといえば、

「ケチも倹約も節約が前提になっているが、余らせたお金の使い方によって分かれる。ケチは自分のためにしか使わないし、倹約はお客のために使う」

こういう分け方をしている。この考え方は尊い。

近江商人のビジネス哲学でまなぶのは、このケチと倹約の分け方にも似ている、

「私心と公心のケジメをつねにつける」

ということだ。別な言葉でいえば、私欲と公欲を分ける。あるいは私感情と公感情を分けるということだ。なにをもって分けるモノサシにするかといえば、すべて〝お客さま〟である。

幕末の近江に小林吟右衛門《ぎんえもん》という商人がいた。店の名を〝丁字屋《ちょうじ》〟といっていたので、まわりの人からは〝丁吟《ちょうぎん》〟と呼ばれていた。菅笠をかぶり天秤棒《てんびんぼう》をかついで行商からはじ

めた。成功して、江戸や京都にも支店を設けた。呉服、太物《ふともの》、ちりめんなどを扱い染物にも手を広げた。京都の店では唐紅《とうべに》(中国の紅)を扱っていたので、ここでも〝紅屋〟と呼ばれていた。

性格は真面目でとくに公私の区別のつけ方がきびしかった。こんな話がある。ある夜、仕事を終えて疲れて戻ってきた吟右衛門が、家の者に、

「酒が欲しい」

といった後すぐ、

「たしか朝残した干鰯《ほしいわし》があったはずだが、あれをつまみにしてくれ」

といった。家人は弱って眉を寄せた。

「どうした?」

吟右衛門がきくと、家人はこう答えた。

「お酒はありますが、干鰯がありません」

「なぜだ?」

「手代の儀助に、お得意さまから呼び出しがかかりました。溜めてあった勘定を至急払いたいので、悪いけれども急いできて欲しいというお使いをいただいたのです。お得意さま

の家がちょっと遠いので、儀助さんに残っていた干鰯を食べさせました」

家人は吟右衛門が怒り出しはしないかとハラハラしていた。吟右衛門はニコリとわらった。

「それはいいことをしてくれた。こんな夜遅くなって仕事に出掛ける儀助には精をつけてやらなければいけない。よく気がついた。わたしはなにも肴がなくてもいい。酒だけ持ってきてくれ」

そういった。そして用意された酒をうまそうにひとりで飲んだ。

部下はお客の使用人

夜中近くなって、儀助が戻ってきた。真っ青な顔をしてる。

「どうした?」

ときくと、

「追剥《おいはぎ》に遭いました」

という。そして、

「お得意さまから集金した四百両の金を奪われてしまいました。なんとも申し訳ありません。死んでお詫びをいたします」

そういって、自殺するためにすぐその場を去ろうとした。吟右衛門は呼びとめた。

「待ちなさい。死ぬ必要はない。旅をしていれば、そういう災難に遭うこともある。忘れなさい。これからはよく気をつけるように。明日からもいままでどおりしっかり働いてください」

そういった。手代の儀助は感動して、その場に泣き伏した。

このへんの吟右衛門の言行はまさしく、私心と公心の使い分けをしている。ケジメをつけている。つまりかれもほんとうは疲れて戻ってきたのだから、酒のつまみに干鰯が欲しかった。しかもそれは朝残していったものだから、よく憶えている。吟右衛門にしても、仕事をしている間に、

（家に戻ったら、あの干鰯を肴にして酒を飲みたい）

と考えていたに違いない。ところが家の者がその干鰯を手代の儀助に食わせてしまっ

た。一瞬、吟右衛門はカッとした。しかし理由をきけば、吟右衛門はすぐ、

「儀助が夜道を出掛けていくのは、すべてお客さまのためだ」

とたちまち考えを切り換える。いってみれば、干鰯が食べたかったという私欲を抑えて、お客さまのためという公欲を優先させる気持ちの切り換えをおこなう。このへんのケジメのつけ方が、吟右衛門は鮮やかだった。


しかし、その儀助がせっかく集金した四百両もの大金を、途中で追剥に盗まれてしまったときけば、私心にかられていれば怒鳴りつけたり、あるいは儀助をクビにしてしまうだろう。ところが吟右衛門は違った。旅人が追剥に遭うことはよくあるので、これからは気をつけるようにと注意しただけである。これは吟右衛門の、

「部下に対する愛情」

という公心である。自分の店の損得だけを考えれば、儀助にきびしい罰を与えるだろう。しかし、部下に対する愛情という公心をモノサシにすれば、そんな損失などまた取り返せると思う。吟右衛門の部下に対する態度は、

「使用人は自分の私有物ではない。お客さまの使用人なのだ」

と考えていた。

悠然と取りつけに対応

幕末は開国などがあって、物価が騰貴《とうき》し、金融関係にも大きな混乱が起こった。吟右衛門が出資している京都の大きな両替屋で伊勢屋藤兵衛という両替商がいた。が、経済の混乱でとくに大名に貸してある金が回収できない。そのために伊勢屋は、百万両の損失を出してついに倒産した。このことが洩れると、出資者たちは争って伊勢屋に駆けつけ、貸し金の取り立てに目の色を変えた。

吟右衛門と親しい江戸の両替商が、京都へ急ぐ途中吟右衛門のところに寄った。そして、

「伊勢屋さんが倒産した。すぐ出資金を回収しないと、取れなくなる。おたくもすぐいったほうがいいですよ」

といった。が吟右衛門は、

「伊勢屋さんが潰《つぶ》れた話はきいています。いまからいっても、貸した金は取り戻せないでしょう。わたしはいきません」

そういった。江戸からきた両替商が、

「おたくは、伊勢屋さんにどのくらい出資していたのですか?」

ときいた。吟右衛門は、

「およそ十二万両ほどです」

と答えた。江戸の両替商はびっくりした。

「十二万両も? それはたいへんじゃありませんか。おそらく、この店にも債権者がどっと押し寄せてきますよ」

といった。吟右衛門はうなずいた。

「覚悟しています。ですからいまは店の者に現金を用意させています。おみえになった出資者には、全部金をお返しするつもりです」

落ち着いてそう答えた。江戸の両替商は目をみはった。そして、

(なんという肝の太い人なのだろう)

と感嘆した。予測したとおり債権者がどっと押し寄せてきた。しかし吟右衛門は落ち着いて、一人ひとりの出資額を確かめ、現金を返した。その総額はおよそ十四万両になった。十二万両だとみていた推定額は、まだ低かったのである。

ところが不思議なことが起こった。それは金を返してもらった連中が顔をみあわせ、ヒ

ソヒソ話をはじめたのだ。やがて代表が前に出てきてこういった。

「このお金は、もう一度お預けします」

「なぜですか？」

「京都の伊勢屋さんが潰れたときいて、おたくも高額の出資者なのでたいへんな損害を受けたろうと思い、われわれがあなたのお店に出資したお金を返してもらおうと相談してやってきました。ところがあなたは落ち着いて、なんの苦情もグチもいわずにお金をそっくり返してくださいました。こんなことは他の人にはできません。あなたを信頼します。ですから、改めてこのお金を預けますので、どうかいいように使ってください」

吟右衛門は感動した。

「ほんとうにありがたいお言葉です。本心を申せば、十四万両ものお金を返してしまって、じつは明日からどうしようかと悩んでいたところです。大いに助かります。有効に活用させていただきます」

ほとんどの出資者が、改めて吟右衛門に出資した。

この事件も、吟右衛門が、

「私心と公心のケジメ」

をはっきりつけたということだ。すべて、

「客を大切にする」

という〝公心〟の表われだ。

井伊家への心づくし

吟右衛門のこういう噂をきいた彦根藩主井伊直弼《なおすけ》が、吟右衛門を彦根藩出入りの商人にした。苗字帯刀《みょうじたいとう》も許した。折々には城に呼んで、幕末の経済状況を詳しくきいた。

井伊直弼はやがて大老となって、諸外国と通商条約を結んだ。やがて井伊に恨みを持つ水戸浪士たちによって、井伊は安政七年（一八六〇）三月三日（直後、万延と改元）に、江戸城外桜田門の前で殺された。このとき、吟右衛門は江戸にいた。すぐ江戸の支店の金庫から三千両の金を持って井伊邸に駆けつけた。そして、

「このたびはとんだことでございました。いろいろと後のご処理にお金が必要でございましょう。どうかこれをお使いください」

といって、持ってきた金をさし出した。同時に、

「わたくしどもでできますことはなんでもいたしますので、お申し付けください」

と、混乱直後の雑用を引き受けた。このことで井伊家にとってどれだけ助かったかわからない。災難に遭った井伊家に対し、大名たちでさえ近寄るまいと冷淡な態度を取っているときに、出入りの一商人がここまで力を尽してくれたのである。井伊直弼は病気で死んだことになって、家は存続した。後を継いだ当主は、吟右衛門に数々の褒美《ほうび》を与えて感謝したという。吟右衛門は、井伊家にも多額の金を融通していたから、心ない商人だったらすぐ駆けつけて、

「お貸しした金を返していただきたい」

というだろう。吟右衛門は反対だった。自分の手持ちの金を全部投げ出して、

「後の始末にお使いください」

とさし出したのである。これもまた、

「井伊さまはうちの大切なお客さまなのだから」

という考えが貫かれていたためである。

安定こそ危機だ

——西川利助——

経営が安定することにより、いつのまにかハングリー精神、改革意識が失われてしまう。「とくに悪いところはない」ときこそ実は危機なのだ。江戸の近江商人は、企業内のモラールダウン（やる気の喪失）にどう対処したか。

政策と経営

〝グローカリズム〟ということばがある。大分県の平松知事がいい出したことだが、意味は、

「グローバルにものごとをみて、ローカルに生きてゆく」

ということだ。つまり、

- 地域の一企業であっても、国際的視野をもって世界の動きに関心をもつ。
- その中で、日本がどういう方向を目ざしているのかを見極める。
- 国の政策だけでなく、企業が立地している地域の行政がどうおこなわれているかもしっかりと見据える。
- その中で、自分の企業はどうあるべきか、どう経営すべきかを探り模索する。いきおいこのことは、
- トップ（経営者）だけでなく、働いている人間にも同じ意識をもたせる。

ということだ。つまり現代の企業経営も、あるいは行政も、

「国際情勢や、国勢の動向と無縁には存立しえない」

ということである。

前述した西川甚五郎の店は、その後大きく発展した。江戸店《えどだな》と呼ばれる支店も、十四軒に増えた。甚五郎が箱根の山中で目にした若葉の色をそのまま蚊帳《かや》に染色し、萌黄《もえぎ》色の蚊帳を紅布《べにぬの》の縁《ふち》で囲った品物は、一種の特許品となり爆発的な人気を得た。

ところが、七代目の利助の代になると、しだいに売れなくなった。というのは、西川家が提供した蚊帳は質がいいので、長持ちする。それほど短期間に買い替える必要はない。しかしそれだけではなかった。当時の徳川幕府の政策が大きくひびいた。

西川家が繁盛していた頃の幕府の老中首座(いまの総理大臣)は田沼意次《たぬまおきつぐ》だった。田沼は、

「重商主義」

をとったので、商業がおおいに発展し、同時に経済も高度成長した。しかし、田沼がワイロ好きの政治家だったので、

「田沼は世の中を汚してしまった。白河のように、清く澄ませてほしい」

という世論にこたえて、白河藩主松平定信が老中首座になった。松平の政策は、

「寛政の改革」

と呼ばれた。田沼を追放した松平は、

「勤倹節約主義」

をとり、重商主義を捨てて、

「重農主義」

にかえた。これが、商業を沈滞させ、大都市の生活はしだいに暗く沈み込んでいった。

そうなると、付加価値の高いブランド製品だった西川家の蚊帳も、売れ行きがぱったり止まった。

「蚊帳が必要なら、もっと安いものでいい」

ということになったからである。西川家は、しだいに経営を縮小せざるを得なくなり、十四軒あった江戸店もついに五軒に減らしてしまった。

優良・安定にひそむ危機

当主である七代目の利助は考えた。

「なぜこうなったのだろうか？」

先祖がせっかく繁栄させた店を、自分の代になって縮小してしまうのは、なんとも口惜しい。

「どこかに原因があるはずだ」

と分析をはじめた。

- 帳簿の扱いに不正はない。
- 従業員もまじめに働いている。
- しかし、蚊帳の売れ行きは悪い。

いってみれば、いままでの西川商店は、「優良な安定企業」である。利助は、何度も自

分が筆で書いたメモを凝視しているうちに、はっと気がついた。それは、

「安定した継続性の中にこそ、今日の衰退の原因があったのではないか」

ということである。もちろん、幕府の政策が重商主義から重農主義に大きく転換したことも影響している。それによって、客のニーズが変わってしまった。しかしそれだけではない。利助はもう一度自分がメモしたいくつかの条件を見直してみた。たしかに、従業員たちはまじめに働いてはいるが、その働きかたも、

「従来のやり方をそのまま踏襲している」

ということだ。番頭もそうだし、もっと突っ込んでいえば自分自身もそうだと利助は気がついた。

かれがこのとき発見したのは、

「優良安定企業の座に安住して、いつのまにか飢え（ハングリー）の精神を忘れてしまった」

ということである。二代目甚五郎が考案した〝近江蚊帳〟の売れ行きが好調で、それがずっと続いてきたので、その後は、

「ハングリー精神」

や、

「改革意欲」

が消えてしまった。はっきりいえば〝ぬるま湯経営〟を続けていたのだ。これはいまのことばを使えば、

「危機意識がまったくなかった」

ということである。利助は、

「西川家衰退の原因はここにある」

と思った。そこで改革案をたてた。かれの改革は、

「三法《さんぽう》」

と呼ばれる特別積立金制度をつくり出したことと、

「三《み》ツ割銀《わりぎん》」

と呼ばれる従業員への利益分配制度を創設したことである。

三法を設けたのは、利助がみたところ帳簿上、

「予定外支出がひじょうに多い」

ということだった。予定外支出というのは、火災にあったときなどの後始末の費用や、突然思わぬ出費を求められるような事件の発生などだ。これが、全部経常費から出されて

いる。したがって年によって、支出も波がある。利助は、

「これではだめだ。経常費はつねに安定した支出にしておかなければならない。それには、予想外の支出をあらかじめ予想して、別に特別会計を設けることだ」

と考えた。これが、「三法」だ。つまり、

「不時の支出に備えるために、経常会計とは別に、特別積立金を用意しておく」

ということである。その財源には、西川家がもっている土地や家屋の使用料や、貸金の利息などを充《あ》てることにした。そうすれば、経常費のほうから特別積立金への支出をしなくてもすむ。

もうひとつの「三ツ割銀」というものをなぜ考え出したかといえば、利助がみたところ、

「従業員たちは、たしかにまじめに仕事をしている。しかしそれはただ先例通りに朝から晩まで同じことをくり返しているというだけだ。ぜんぜん仕事に対する生きがいやよろこびを感じていない」

いってみれば、

「従業員は、機械の部品のようになってしまっている」

ということだった。

「自分の考えや意欲を、仕事に生かしていない」

ということだ。しかし、だからといって、

「おまえたちはやる気がない」

と叱るだけではだめだと考えた。意欲がないということは、つまり
「仕事をしても、自分たちがやった仕事がどれだけ店に役立ったのかという貢献度や寄与度を教えてくれないし、また給与とか待遇における信賞必罰の基準がよくわからない。つまり、どう評価されているかがわからない」

ということである。

利助は従業員全員を集め、ふたつの改革案を告げた。とくに三ツ割銀については、

「年度決算をおこなったときに、利益があったときはこれを三等分する。ひとつは、店の予備金として蓄積する。ひとつは、経常会計に計上する。そしてもうひとつは、おまえたちに分配する」

そう告げた。従業員たちは「わあ」と声を上げて、目を輝かせ顔を見合わせた。利助は続けた。

「しかし、だからといって、だれにも同じ額を渡すというわけではない。店に対して、ど

れだけの仕事をしてくれたか、どれだけの客をつかんでくれたか、はっきりいえばどれだけ店に利益をもたらしてくれたか、それを基準にして分ける。いいな？」

いまでいえば、

「業績に応じてボーナスを査定する」

ということである。

利助のこの改革は成功した。西川家はまた繁栄しはじめた。かれの、

「危機はむしろ安定の中にこそある」

という着眼が成功させたのだ。とくに従業員に対して、

「モラールダウンした(やる気を失った)従業員に対して、ただ励ましたり叱ったりしてもだめだ。やはり賞与を出さなければだめだ」

と考えたことが、従業員のモラール(やる気)を一斉にアップさせたのである。

この教訓は、

「どこも悪いところはないのに、なぜこんな結果が出るのだろうか」

という事例解決に、かなり役立つ。とくに、不況期における経営不振の解決策には、利助のような発想が必要だろう。

文化とのフィードバック

——伴蒿蹊《ばんこうけい》——

行商から戻れば、結果を分析し、原因を探求して次に生かす。「フィードバック精神」こそが近江商人の神髄だ。趣味の文化交流から「企業の公共性」に思い至った伴蒿蹊は、それをどのように商売にフィードバックしたのか。

近江商人のフィードバック精神

近江商人の哲学や行動には、いろいろなまなぶべき点があるが、「フィードバック精神」もそのひとつだろう。フィードバックというのは、もともとは電子工学のことばだ。「出力の一部を入力に変えて、出力そのものを制御《せいぎょ》調整する」という意味だ。これが経営に活用されると、「経営活動や作業の結果を分析・判断し、原因を探求して全体を調整すること」だという。一種の〝進行管理〟といっていい。近江商人はつねにこのフィードバックをおこなっていた。行商に出て諸国を歩いてきたのちも、故郷の近江に戻ってくると、自分が辿《たど》ってきた過程を検討する。

- 自分が辿っていったコースは果たして正しかったのだろうか。
- 目的地をはっきり定めてコースを辿ったのだろうか。

- 目的地へのコースは、最短距離を取っていただろうか。
- 目的地の客筋のニーズを事前に的確に把握していただろうか。
- 目的地の客筋が求める品物を、きちんと届け得ただろうか。
- 届けていないとすれば、それを将来の問題としてどのように約束してきただろうか。
- 約束は果たして守れるのだろうか。
- 利益に比して、所要経費(コスト)がかかりすぎはしなかっただろうか。
- 持っていった品物のほかに、さらに加えるべき品物はなかっただろうか。

などと考える。この思考方法は、単なる分析・判断というだけでなく、ひところ日本でも流行《はや》った、

「ＥＱ」(Emotional quotient)

だ。ＥＱというのは、

「今後の社会は、知能指数による偏差値重視をやめて、こころの指数を大切にすべきだ」

という主張である。このＥＱ精神は、江戸時代の近江商人がそんな外来語を使わなくても立派に実行していた。つまり、ここに掲げた、

「行商から戻ったのちの結果に対する分析と判断」

は、そのまま立派にEQなのだ。この近江商人たちがおこなう分析や判断は、すべて、

「客の立場に立つ」

ということを重くみている。

経営活動におけるフィードバック精神を磨くためには、なんといっても、

「異種との交流」

が必要だ。とくにいまのように客側のニーズが多種化・多元化している状況下にあっては、

「異業種交流」

を欠くことはできない。

近江商人は全体に、文学との接近を嫌った。

「歌や俳句をつくるのは、年を取ってからでいい」

というのが共通した考え方だった。さらに、信仰についても、

「ホトケさまを信じるのは、五十歳過ぎてからでいい」

とはっきりいい切る商人もいた。

文化交流で同時代のニーズを知る

この中で、若いときから積極的に文学との交流をおこない、それを入力して逆流させ、自企業の経営に生かした人物がいる。伴蒿蹊《ばんこうけい》だ。

蒿蹊というのは号で、近江八幡の豪商伴家の五代目だった。分家に生まれたが、その才幹を愛されて伴家四代目の当主庄右衛門の養子になって、五代目を継いだ。

伴家では、初代の伝兵衛が江戸に出て店を構え、故郷の近江から取り寄せた蚊帳《かや》と畳《たたみ》表《おもて》を売って基礎を築いた。これは、蚊帳と畳表が近江の特産品であったせいもあるが、それ以上に初代伝兵衛が江戸における、とくに民家の構造に目をつけたためだ。当時江戸の家屋は、すき間が多い。したがって虫がわく。同時に、下水が完備していないから夏になると蚊がわいた。これを防ぐために、どんなに貧しい人間でも蚊帳を求めた。つまり、蚊帳に対するニーズが高かった。

もうひとつ、畳は当時の建築資材として欠くことのできないものであり、床《とこ》の方は再利用するにしても、畳表だけは替える。畳替えは、江戸の名物でもあった。したがって、初

代伝兵衛は、

「蚊帳と畳表にしぼって商売をすれば、必ず売れる」

と見込んだのである。これが当たった。蚊帳の販売については、ほかに西川家も同じ考えを持ち成功していた。したがって、江戸で蚊帳を売る近江商人といえば、伴家と西川家が双璧《そうへき》になっていた。そして、蒿蹊が家を任されたころになると、西川家と同じように、かなり、

「安定企業もしくは優良企業」

になっていた。そのため蒿蹊は、商売に対して新機軸を出すこともなく、

「ご先祖さま以来の家業」

を無事大過なく守り抜けばそれで足りるというような境遇にいた。もともとかれは、漢学や歌に造詣が深かったので、しだいにその方面に目が向きはじめた。三十六歳のときに思い切って養子に家を譲った。そして京都に出て、多くの文人たちと交流しはじめた。おそらくこのときは、

「文人と交流して、その成果を家業に逆流させたい」

などとは考えていなかっただろう。

「風流の道にのめり込んで、生涯を終わりたい」

という、いわばディレッタント（趣味人）として生を終わりたかったのに違いない。交遊の範囲は広く画家、文人、俳諧師、歌人などがいて、歌人の中には皇族も含まれていた。画家で有名なのは円山応挙《まるやまおうきょ》がおり、文人では『雨月物語《うげつ》』を書いた上田秋成などがいる。

そのうちに蒿蹊は、

「人間の生き方」

に関心を持つようになった。そして編んだのが『近世畸人伝《きじんでん》』である。畸人伝といっても、変わった人間ばかり扱ったわけではない。隠士や文人、画家などの変わり者を選んだが、それだけでなく孝子、節婦、義僕などにもおよんでいる。とくにこういう層には無名の人をたくさん取り上げた。取材をしているうちに蒿蹊が気がついたことがある。それは、こういう人びとが、

「どういう生き方をしているか」

という人生観だけではなく、

「どういう物を欲しがり、商人に対しどういう期待を持っているか」

などという、くらしの面における、いわば、

「商人の公的性格面」

を知ったことである。いまのことばを使えば、

「企業の公共性」

だ。蒿蹊は『近世畸人伝』を編んでいるうちに、

（もう一度商人の原点に戻って、商人のあるべき姿を文章化しておこう）

と思い立った。商人のあるべき姿を文章化するということは、

「家訓あるいは家憲」

のようなものをつくろうということだ。それも、単に経営者の立場だけではなく、番頭や末端の従業員にいたるまでの心得を書こうと思い立った。

家訓のハシリ

研究者によれば、全体に商人の家訓や家憲が設けられはじめたのは、享保《きょうほう》以後だという。近江商人のそれは、大体十八世紀中期から十九世紀初期にかけてのものが多いといわれる。十八世紀中期というと、年号でいえば宝暦・明和・安永・天明・寛政でこの世紀が終わり、十九世紀に入って享和・文化・文政・天保とつづく。

伴蒿蹊が、自家の家訓を書いたのは、寛政五年(一七九三)三月のことで、かれは六十一歳だった。徳川幕府では、老中筆頭松平定信が中心になって、いわゆる、

「寛政の改革」

を実行していた時期である。家訓のタイトルは、

「主従心得草」

と名づけられた。構成は、主人の心得・親類互いの心得・別家手代中の事・本家支配人及び家々支配人の事と四部構成になっている。大して長いものではない。しかしつくられたのが寛政五年という比較的早い時期だったので、

「のちにつくられた近江商人の家訓の原型・手本になった」

といわれる。この中で蒿蹊がとくに主張したのは、

「主人は、先祖の手代だと思うこと」

ということと、

「主人のためだといって、番頭たちが非道をはたらくことを許してはならない。それを黙認することは、主人も非道なおこないをしているということになる」

と告げていることだ。後者ではとくに、

「店の儲けのためだといって、非道を従業員に強制するような番頭・手代は許してはならない」

と明言していることである。これは、

「儲けるためにはなにをしてもいい」

という、方法や手段を選ばない経営法を戒めたことばだ。ここにいたるまでに、蒿蹊が『近世畸人伝』取材中に、多くの人と交流し、そしてまなんだ精神が生かされている。

はっきりいえば、

「企業の公共性」

という側面を、かれはかれなりに認識し、これを自企業の心得として設定する必要を感じたのである。だからかれが文学の中に身を沈めたことは、決して自企業との決別ではなく、逆に文化人と交流したエキスを、自企業の経営の精神として逆流させたということである。立派なフィードバック精神であった。

戦国武将への影響

——蒲生氏郷の例——

信長譲りの抜群の経営感覚で、会津百万石にまで事業を拡大させることに成功した蒲生氏郷《がもううじさと》。天秤棒《てんびんぼう》の行商人のように全国各地に商いの花を咲かせた氏郷は、まさに「外に出て大きくなる琵琶湖のアユ」＝近江商人の原型だ。

信長を師とする

近江人のいい伝えである、

「琵琶湖のアユは外へ出て大きくなる」

ということばは、近江商人のチャレンジ精神をよくあらわしている。遠い僻地で、欲しくても得られない品物を、まるで小鳥が口を開けて待っているところへ親鳥がエサを運んでいくような気持で届けにいく近江商人の天秤棒《てんびんぼう》を担いだ姿を、どれほど険しい山河の果てで多くの人が待ちこがれていただろうか。峠の上にポッンと浮かんだ近江商人の姿をみたとき、谷間の里の人びとは、おそらくホトケの姿をみたような気持になったことだろう。近江商人たちは、自分の経営方法をそれぞれ「家訓」として書き残した。今日でもまなべる要素がたくさんある。

戦国時代に、この近江商人の経営法を領国経営に取り入れた大名はたくさんいる。織田信長の安土経営、羽柴秀吉の長浜経営、豊臣秀次《ひでつぐ》の近江八幡経営などはその例だ。そして、ここに書く蒲生氏郷《がもううじさと》もその代表的な大名である。蒲生氏郷は、日野城主だった。日野商人を育成した。父の代から、商人育成に目を向け、また名産品の振興に力を入れた。

氏郷の父は、そのころ近江国の支配者であった佐々木氏に仕えていた。が、時世をみる目が確かで、

「これからは、織田信長の天下になる」

とみぬいた。そこで信長に服属を誓い、息子の氏郷を人質に出した。このころの信長は、岐阜の経営に努力していた。楽市・楽座をつくり、街道を整備し、同時に領国内の関所や舟番所を廃止していた。信長の考えは、

「日本人はどこへでも自由に旅ができなければいけないし、物流ルートも網の目のように発達させるべきだ」

と考えていた。多くの豪族が岐阜城に人質を出していたが、その中で信長が一番可愛がったのが蒲生氏郷である。よく自分がつくった楽市・楽座の町を連れて歩き、

「今後の戦国大名には、経営感覚が必要だ」

ということを教え込んだ。

松坂の開発

信長が明智光秀に殺され、豊臣秀吉が天下人になると、蒲生氏郷は伊勢の松ヶ島に移動させられた。しばらく松ヶ島に拠点をおいていた氏郷は、ここでは不便だと考えて近くの四五百《よいお》の森に城を築きはじめた。城ができ、城下町をつくるとかれは四五百を「松坂」と地名変更した。そしてここに日野から育成した商人たちを呼んだ。伊勢には在来の商人がいた。氏郷は気心の知れた日野商人と、在来の伊勢商人を集めるとこういった。

「これからは、おまえたちは松坂商人と名乗るように」

氏郷の巧妙な両地域商人の融合策である。つまり、在来の商人を尊重するならば、日野から呼んだ商人を伊勢商人といわせなければならない。人間関係からいえば、氏郷にとって日野商人のほうが心安い。そうなると、伊勢商人を日野商人というようにと命ずることもできる。が、どっちを取っても、両方の商人にシコリが残る。自分たちの従来のいい方を尊重したい。そこで氏郷は、四五百の森を松坂と地名変更したのに応じ、

「両地域の商人も、新しく松坂商人と名乗れ」

と命じたのである。いってみれば、

「新しい酒は新しい皮袋に盛る」

ということだ。氏郷にすれば、松坂は新しくつくった皮袋だ。そうなると、その中に入る酒も新しく変わらなければならない。その方法として、

「在来の伊勢商人は松坂商人という名称の中に発展的解消を遂げる。そして日野からきた商人も、松坂商人の名称の中に溶け込む」

ということだ。伊勢商人と日野商人を混合して、新しく松坂商人という酒をつくった。

それを、すでに用意した皮袋の中に入れようということであった。

これには両地域の商人とも文句はいえなかった。蒲生氏郷のチエに感心した。

会津の開発

やがて秀吉は、蒲生氏郷を奥州の伊達政宗の押えとして、会津黒川への移動を命じた。収入は、いままでの倍近く与えた。氏郷はかならずしもこの人事異動をよろこばなかった。心の中で、

（敬遠人事だ）

と思った。氏郷は、織田信長の婿だった。秀吉にすれば、どうも煩わしい存在なのに違いない。そこで、

「伊達政宗を押えるのは、おぬし以外いない」

とうまいことをいって、中央から遠ざけてしまったのである。が、だからといって氏郷はふさぎ込むようなことはしなかった。それは、

（おれがふさぎ込めば、部下たちもやる気をなくしてしまう）

と思ったからである。そして同時にかれの頭の中には、自分が育った琵琶湖畔の近江から諸国に向かって活躍している商人たちの姿が浮かんだ。

（かれらは天秤棒一本で、日本のどんな僻地にも勇気をもって歩いていく）

という果敢な精神である。氏郷は、あきらかに左遷だと思ったが、ただちに心のギアチェンジをおこなった。そして、

「会津黒川を、住む人びとの極楽に仕立て上げよう」

と、ただちに新天地づくりを構想した。

城を整備し、城下町を築いた氏郷は、ここでもまた地名変更をおこなった。会津黒川を「会津若松」と変えたのである。氏郷の故郷日野には、綿向《わたむき》神社という社がある。近江商人の崇敬の厚い神社だ。そしてこの綿向神社の参道のある地域を〝若松の森〟と呼んだ。氏郷は故郷日野の由緒ある神社の森をそのまま新しく赴任した地域の拠点名にしたのである。

商人育成に力を入れる氏郷は、伊勢の松坂と近江の日野からまた商人を呼んだ。続々とやってきた商人たちに氏郷はこう告げた。

「これからは、おまえたちは会津商人と名乗れ」

これもまた、伊勢松坂でおこなったのと同じ方法だ。つまり、かれは会津黒川を会津若松と地名変更することによって、ここにも〝新しい皮袋（まち）〟をつくった。そこでその中に盛る酒も新しく変わって欲しい。それには、

「会津商人」

という新しい皮袋にみあった酒の中に、伊勢松坂商人も日野商人も、あるいはほかの国からやってきた商人も全部溶け込んでしまえ、ということである。

このへんのやり方は、氏郷が少年時代に織田信長からまなんだことだ。信長は、当時の日本人に巣くっていた「一所懸命の思想」を嫌った。一所懸命というのはもともと、中世に生まれた武士の考え方で、

「ひとつ所(土地)に生命を懸ける」

という、土地至上主義の考えだ。信長は、財産としての土地を否定したわけではない。ただ仕事にこの考え方を持ち込むと、しがみつきの精神が育って変革を嫌がることになるとして退けた。信長がもっとも重んじたのが流動精神である。氏郷は、

「その流動精神の一番典型的な持ち主は、行商人だ」

と考えていた。しかしその行商人が定着するとなれば、新しい土地に根を生やさなければならない。故郷の根を引きずってきて、伊勢松坂にいっても、

「自分は日野商人だ」

と強調し、また会津へやってきても、

「自分は近江商人だ」

と主張していたのでは、なかなか土地との結びつきが得にくい。そこで氏郷は、在来の人びとと、新来の人びとの両方の顔が立つように、新しい皮袋（まち）を用意した。いってみれば、伊勢松坂商人や日野商人に、会津商人と名乗れということは、やってきた商人たちに意識変革を求めたということである。そして同時に、

「商人同士の内部の論理ではなく、客を念頭においた論理を重んぜよ」

ということであった。やってきた商人たちも、在来の商人たちも氏郷の意図をよく理解した。かれらはそろって〝会津商人〟と名乗った。

日野には名産品があった。日野椀だ。木に細工したものに、漆を塗ったものである。氏郷はこれを会津でも生産させた。しかし、日野椀とはいわせなかった。新しく〝会津塗り〟といわせた。このへんにも氏郷の細かい心配りがある。かれはあくまでも、

「現地主義」

を取った。すなわち、

「現地に住む人びとの感情を重んずる」

ということである。

リーダーシップの妙

氏郷は部下の管理もうまい。人使いの名人といわれた。かれはこういっている。

「部下を管理するには、情だけではだめだ。給与を多く与えなければならない。情と給与は、車の両輪である」

会津にいったとき、かれはこういった。

「いままでおまえたちにずいぶん世話になった。しかし、給与の面でかならずしも十分な応じ方をしていない。幸いに、今度は収入が二倍に増えた。この際、いままで立てた手柄に対し、このくらいの額が適当だと思う給与額を、それぞれ申告しろ」

いってみれば、給与に対する自己申告を求めた。部下たちはよろこび、それぞれ申告した。しかしその総額は、氏郷が新しく貰った領土から得る収入の二倍以上になってしまった。そこで氏郷は、

「それぞれの申告額が妥当かどうか、お互いに討論しろ」

と命じた。部下たちは、大広間に集まってそれぞれの申告額を告げ、

「自分の手柄に対し、こういう額を申告したが妥当かどうか」

ということをお互いに検討し合った。いろいろな批判や反対論も起こり、結果として総額は二分の一以下に収まった。氏郷は満足した。これが、日本における予算制度のはじまりだといわれている。しかしこういう才覚も、蒲生氏郷はすべて故郷の近江でまなんだのである。

会津若松では、蒲生氏郷を都市の原形のつくり手として、現在でも敬愛の念を強く持っている。蒲生氏郷もまた、

「外に出て大きくなった琵琶湖のアユ」

の一匹であった。

平和重視のまちづくり

——豊臣秀次——

歴史上、汚名を着せられている豊臣秀次《ひでつぐ》だが、近江八幡の人々は彼を「まちづくりの恩人」という。叔父秀吉に逆らってでも、人権を尊重し、近江商人が活躍できる「平和都市」を築いた秀次こそ、信長の理想を受け継ぐ者であった。

歴史的事実や人物は多面体だ。それぞれの立場から光を当てることができる。つまり歴史に、

「自分にとってどう生かすか」

という角度から光を当てれば、その見方はそれなりにひとつの真実だということができる。既成の概念や固定観念によって、

「それは間違いだ」

ということはできない。

豊臣秀次《ひでつぐ》といえば、関白太政大臣秀吉の甥で、関白職を譲られた人物だ。ところが、乱暴なおこないがあったというので、のちに秀吉に切腹を命ぜられ、一族はすべて殺される。そのために、

「秀次はオニのような人物だった」

というイメージが定着している。

しかしこれは間違いだ。秀吉は晩年秀頼が生まれたため、いったん秀次に譲った関白職を、なんとかして秀頼に与えたいと思うようになった。が、私情にかられてそんなことをすれば秀吉は批判される。そこで、

「秀次はこういう人格なので、とても関白を務めるような人物ではない」

ということを宣伝すれば、秀次を除くことが公的なものになる。秀吉はこれをねらった。秀次はその意味で犠牲になった。腹を切ったときはさぞかし無念であったにちがいない。

商人の活躍できる城下町

この秀次を、

「現代のまちづくりの恩人」

としてとらえているのが近江八幡市の人びとだ。秀次は一時期、近江八幡の城主だった。戦国時代のことだから、当然城下町は合戦を前提とする。現在日本に残っている城下町の多くが、「敵が攻めにくく、味方は守りやすくなる」という目的で、道が屈折したり、いき止まりになったりしていて、現代的開発の妨げになっている。

ところが秀次がつくった近江八幡の城下町はちがった。碁盤目《ごばんめ》状に街路がきちんと整備され、また琵琶湖に直結する八幡堀というような水路も設けられていた。

この目的ははっきりしていて、秀次が、

「商人が活躍しやすいようにまちをつくる」

という理念（ポリシー）を持っていたからだ。

とくに秀次は、明智光秀によって焼かれた安土城の焼け跡から、焼け残ったいろいろな資材を運んできてこれを使った。ということは、秀次は叔父の秀吉よりも、安土城城主だった織田信長に心を寄せていたとみていいだろう。

では秀次は、信長のどういうところに心を寄せたのか。信長はいうまでもなく、安土城の前に拠点としていた岐阜の城下町において有名な〝楽市・楽座〟をつくった。いまでいえば、商人の規制緩和（商人ならどんな商売をやろうと自由）をおこない、誘致した企業に対しては税のうえでも特別措置を講じた。これは戦国時代では画期的な商人政策である。

信長はさらに近江の安土城に移ると、日本にいた外国人宣教師を招き、医療施設や学校などもつくった。信長のこういう商業政策や宗教政策をみていると、やはりかれの政治にはひとつの芯が通っていたような気がする。それは、かれが前の拠点の岐阜という地名に込めた、ひとつの願いがあったからである。

古代中国の西北部に岐山《きざん》という山があった。この山のふもとから興ったのが周である。興したのは武王だ。周の武王の政治については、孔子や孟子も褒《ほ》め讃えている。それは武王が、

「愛民」

の政治をおこなったからである。すなわち、

「平和を大切にする・民の生活を大切にする」

ということだ。武王はこれを実現した。

信長が美濃国(岐阜県)の長良川畔の一角を〝岐阜〟と地名変更したのは、この願いがこもっていたからである。岐阜の阜は丘という意味であり、あきらかに岐山を意識している。

信長はすでに戦国民衆のニーズ(需要)の最大のものが何であるかを知っていた。それは、

「一日も早くこの国を平和にしてもらいたい」

ということだ。そのためには、合戦をもっと近代化し合理化し、同時に技術化しなければ

ばならない。鉄砲隊の導入はそのあらわれである。

近江の安土城にきたときは、その平和志向をさらに一歩すすめて、外国のすぐれた科学知識や技術、とくに医療技術を日本に移し変えようと努力した。

しかしその信長も、天才的な性格が狂的な面をともなって、その結果、明智光秀に殺された。安土城は炎上した。その焼け跡から必要な資材を八幡山城のふもとに移して、城下町を整備したのが豊臣秀次である。

秀次のまちづくりの理念はあきらかに、

「平和をめざす」

ということであり、

「とくに商人が活躍しやすいようにする」

という点を強調していた。そのために戦国時代では非常にめずらしい碁盤目状の街路整備をおこない、琵琶湖に直行する水路（運河）を開発した。当時は、

「モノは水の道、ヒトは土の道」

という不文律があったからである。

現在、いわゆる〝町並保存〟というのが全国の自治体でおこなわれている。一時期は、

「城下町は、明治年間に鉄道が敷設されたときにこれを嫌がって、駅を遠ざけた。それが城下町を文明からおき去りにしてしまった」

といわれた。しかし逆に考えれば、それによって江戸時代からの町並が純粋に保存された。

近江八幡市も同じである。近江八幡駅は、古い城下町からはかなり遠いところにある。それだけに、町並が近代文明の悪影響を受けることなく、静かなたたずまいをみせている。これは、近江商人が拠点とした滋賀県内のあらゆる町についてもいえる。日野も五個《ご か》荘《しょう》もそのまま江戸時代の町並が純粋に保存されている。これはあきらかに、鉄道の駅から遠く隔たっているためである。そうなると、明治時代の人びとが鉄道を嫌がった理由が、「悪い病気が流行《は や》る・煙突から吐き出す火の粉が火災を起こす」などというこじつけの理由とは別に、ある意味では先見の明があったといってもいい。こういうように、歴史的評価はその時代によって異なってくる。一概にこうだと割り切る歴史の見方は間違いである。

「人権」を重んじるまち

豊臣秀次が、

「平和で商人が活動しやすいようなまちづくりをおこなおう」

と考えたのは、かれの政治理念がそういうソフトなものであったことにもよるが、それ以上にその時代の近江商人の力が強かったことを示す。いってみれば、関白になる前の秀次に対し、八幡城下町で活躍する商人たちの実力がそういうプレッシャーをかけたのだ。この意味は大きい。

戦国武将のひとりである秀次は、天下人の甥だ。権力を発揮しようと思えばいくらでもできたはずだ。それをそうしなかったのは、やはり秀次にとって、

「商人の力はばかにできない」

という認識があったからである。当時にそのことは、

「尊敬する織田信長公の政治理念を自分が八幡山城で実現することにつながる」

と考えたからだ。

織田信長は、政治以外の仕事をしている人びとの人権を尊重した。だからかれは、しきりに天下一という称号を与えた。天下一の大工さん、天下一の陶工、天下一の絵師、天下一の植木づくり、天下一の絵描きなど、あらゆる職業について、

「天下一」

という褒めことばを与えた。信長自身は、

「おれは天下一の政治家だ」

と思っていただろう。しかし、だからといって信長は、すべての職業を政治権力の下に組み敷こうとは思わなかった。あらゆる職業を選んだ人びとの人権を重んじていたのである。ところが秀吉はちがった。

例えば織田信長は、千利休を、

「天下一の茶人」

として尊敬した。利休の人権を踏みにじって、

「なんでもおれのいうことに従え」

などということはしない。利休はそういう信長を尊敬した。ところが秀吉は、利休のこういう態度を不快に思った。なにがなんでも自分のいうことをきかせようといろいろ無理

難題を吹っかけた。利休は抵抗した。そのために秀吉は怒り、利休を切腹させた。

こういう叔父秀吉の態度が、平和愛好者の秀次には我慢がならなかったにちがいない。かれにはしみじみと、

(信長さまに比べると、叔父の政治理念は低い)

と思えただろう。

豊臣秀次が近江八幡の城下町で実験しようとしたことは、

「織田信長の理念のひとかけらをこの土地に植えつけたい」

ということであった。つまり、

「商人が活動しやすい平和な町をつくり、住む人びとのくらしをゆたかにしたい」

ということである。これはもっと突っ込めば、

「城下町の人びとの人権を重んずる」

ということにつながっていく。そうなると秀次のこの政策はあきらかに叔父秀吉のものとはちがってくる。ちがうというよりもむしろ反対の立場に立つ。

秀次の勇気ある決断

そういい切れるかどうかわからないが、あるいは秀吉は甥の秀次に怒りをおぼえたのは、単に秀頼に政権を渡したかっただけではなく、

「秀次のやつは、おれのやることにいちいち反対している。おれの政策よりも、信長公の政策を尊重している」

と考えたからだろう。

「すべてを政治権力の下に組み敷く」

という考えを貫く秀吉にすれば、信長があらゆる職業人にばら蒔《ま》いた「天下一」の称号は、我慢ができないものであったにちがいない。

「天下一というのはおれひとり以外ないのだ」

という考えが秀吉のものだ。したがって秀吉にすれば、甥の秀次の態度はあきらかに、自分の思い上がりに水をかけられているような気がしたのである。

秀次は近江八幡の城下町を基盤目状にし、琵琶湖に直結する運河を次々に導き入れた。

まだ戦国時代が終わっていない状況下から考えると、それは、

「無防備都市」

をつくったのと同じことだ。秀吉にすれば、

「そんな城下町をつくるのはまだ早い。日本は完全に平和になっていない」

と考えただろう。しかし秀次にすれば、信長がめざした、日本全国の関所の廃止や船番所の廃止、あるいは日本人の旅行の自由などはあきらかに、

「日本国内をひとつの物流ルートによってととのえる」

ということである。網の目のように物流ルートを張るためには、なんといっても平和が前提条件になる。秀次は、

「それをまず自分の城下町からはじめよう」

と、勇気ある決断をしたのだ。

近江商人を愛しつづけた日野中野城の城主蒲生氏郷とともに、八幡山城主豊臣秀次のまちづくりの理念は、現在も脈々と生きつづけている。叔父の秀吉に〝オニ〟と呼ばれた秀次には、こういう〝ホトケ〟の面が確実にあったのである。

不易の精神をまもりぬく

――近江商人の家訓――

経営には山も谷もある。情勢の変化には的確に対応せねばならない。しかし、荒波を乗り越えていくために本当に大切なのは、自分を信じる信念だ。近江商人の「家訓」に示された経営理念、「変わらない信念」を今こそ学ぼう。

二〇〇〇年に入ってしみじみと感ずるのは、

「不《ふ》易《えき》流《りゅう》行《こう》」

ということばだ。これは晩年を琵琶湖畔の幻住庵で過ごした元禄の俳聖松尾芭蕉が、〝おくのほそ道〟をたどっているときに考えついた俳風の論だ。不易というのは、

「どんなに世の中が変わっても、絶対に変わらないもの、あるいは変えてはならないもの」

をいう。流行というのは、

「社会情勢の変化に応じて、的確に対応していくこと」

のことだ。芭蕉は、

「このふたつは同根なので、ばらばらに考えてはならない。一致させた新しい俳句をつくろう」

と提唱した。しかし弟子たちはかならずしも芭蕉の論を正確に理解できなかった。不易派は不易派の俳句をつくりつづけ、流行派は華やかで時代に応じた俳句をつくりつづけた。芭蕉がめざしたものを実際に同根のものとして俳句に表現するのはなかなかむずかしかったようだ。

いまは、

「人間が機械に使われる時代だ」

などといわれる。二〇〇〇年に突入するときに世界中の問題となった〝コンピュータの誤作動〟などはその典型的な例だろう。単に情報化社会に突入したというだけでなく、

「機械の支配する世界」

を、人間がどう制御《せいぎょ》していくかは大切な問題だ。そしてこのとき人間が持つべきものは、

「人間としての絶対に変えてはならない、あるいは変えない真理（すなわち不易）」

をどう保っていくかによって定まる。

近江商人は、古い時代からこの「不易の精神」を守り抜いた。その不易の精神を具体的にあらわしたのが、それぞれの商家における、

「家訓・家法・家憲・家則」

などと呼ばれるものである。現在でいえば、企業の、

「経営理念と、それを実現する社則」

のことだ。その企業が、

「何のために経営をおこなうのか」

といういわば社会へのかかわり方を示し、

「それをおこなうために、トップからヒラにいたるまで組織員はどのように行動するべきか」

というマニュアルを示すものである。これがそれぞれの企業における、

「初心あるいは原点」

と呼ぶべきものだ。これさえしっかり守っていれば、多少のことがあっても経営がぐらつくことはない。信念を持って、客の信用を落とさないように努力する。経営というのは、いいことばかりあるわけではない。やはり山があり谷がある。利益が上がることもあれば、損をすることもある。その山谷を越えていくには、やはり、

「自分で自分を信ずる信念」

を保つことが大切だ。

全体に、江戸時代の商家の家訓は、享保《きょうほう》の時代からつくられはじめたという。享保時代というのは、八代将軍徳川吉宗が思い切った経営改革をおこなったときだ。そのときに、商人が呼応して、それぞれの「家訓」をつくったというのはおもしろい現象である。近江商人もそれぞれ家訓をつくったが、有名なのは中井家の「金持商人一枚起請文《きしょうもん》」である。中井家もほかの近江商人の例と同じように、当主は同じ名を名乗ることをならわしにしていたが、この「金持商人一枚起請文」は、初代の源左衛門良祐が、寛政四年

（一七九二）、七十七歳のときに稿を起こし、九十歳にいたるまで何度も書き直して完成させた。原文をそのまま掲げる。

もろもろの人々沙汰《さた》し申さる、ハ、金溜る人を運のある、我は運のなき抔《など》と申(す)ハ、愚にして大なる誤りなり。運と申事ハ候はず。金持にならんと思はゞ、酒宴遊興奢を禁じ、長寿を心掛、始末第一に、商売に励むより外に仔細《しさい》は候はず。此外《このほか》に貪欲《どんよく》を思はゞ先祖の憐みにはづれ、天理にもれ候べし。始末《しまつ》と吝《しわ》きの違あり。無智の輩《やから》ハ同事とも思ふべきか。吝《しわき》光りは消えうせぬ、始末の光明満《みち》ぬれば、十万億土を照すべし。かく心得て行ひなせる身には、五万十万の金の出来るハ疑ひなし。但《ただし》運と申事の候て、国の長者と呼《よば》る、事ハ、一代にては成《なり》がたし。二代三代もつゞいて善人の生れ出る也。それを祈候には、陰徳善事をなさんより全別儀《まったくべつぎ》候はず。後の子孫の奢を防(が)んため、愚老の所存を書記畢《かきしるしおわんぬ》。

文化二丑正月

九十翁中井良祐 識《しるす》

現代にも通用するようなことがいくつかある。ひとつは、
「金持になるのは運ではなく、長寿を心がけて始末をし、経営に努力することだ」
という言い方だ。そしてこの始末はいわゆる「吝（ケチ）」とはまったく違うといって
いることだ。倹約とケチの差は、
「ムダをはぶいて、節約するという点では同じだが、後の金の使い方によって異なる」
ということだ。金の使い方によって異なるというのは、
「ケチは、節約した金を自分のために溜め込むが、倹約は違って、世の中のための出費を
惜しまない」
ということだ。現在でいえば、何でもリストラだといって節約一辺倒の緊縮経営をおこ
なうのが通り相場になってしまったが、倹約の場合は違う。
「客のニーズの高いものは、場合によっては拡大再生産や新規事業を興す。そのための投
資も惜しまない」
ということだ。全体にパイが小さいから、そういう経費を生むためにはそれこそ血のに
じむような節約をおこなおうということである。そしてもうひとつ重要なことは、
「経営の連続性・継続性」

を重視していることだ。逆にいえば、

「創業者一代では、決して安定した経営体になれない」

ということである。この「連続性・継続性の精神」を具体的に示したのが、

「当主は必ず同じ名を名乗る」

というならわしではなかろうか。中井家は日野の商人だが、近江八幡の商人で、市田清兵衛の家則も有名だ。全文を掲げる。

一 御公儀よりの法度《はつと》堅く相守り、御町内に対して無礼なき様、心得申すべき事。

一 商売は、以前より仕来《しきた》りの作法を乱さず、同心協力して時の流行に迷はず、古格を守り申すべき事。

一 店中の傍輩《ぼうばい》は、和順謙遜を旨として、諸事倹約を心掛け、出入の者は老若男女を問はず、丁寧に取扱ひ申すべき事。

一 店の者は、都《すべ》て幼は長に従ひ、手代は番頭に下知《げち》(指示命令)を請《う》け、番頭は商売向一切、支配人の下知に従ふべき事。

一 若年の者は、支配人及び番頭たるを許さず、奉公人は中途より来る者にても、商

売向に相当の技倆ある者は、引き上げて重役に申し付くべき事。

一 奉公人中、縦令《たとい》相当の技倆ある者にても、支配人番頭の下知に従はずして、気随我慢の者は、速《すみやか》に暇を遣し、替りの奉公人差入れ申すべき事。

一 金銀出入勘定の時は、支配人及び番頭立会にて相改め資本繰廻し方粗漏なき様心得べき事。

一 商売品に不当の利分を掛けざる様、時の相場によりて、一統申合せ時貨等は一切相成らざる事。

一 我家伝来の商売の外、別に新規なる商売を増加せんとする時、店中一統協議を遂げ申すべく、商品仕入の時にても、店中一統熟議の上、正当明白なる物品を仕入れ、曖昧なる物品は、縦令如何徳用にても仕入相成らざる事。

一 奉公人の仕着せは、二季に分ち、木綿麻布の外用ひざる様堅く相守り申すべく、支配人及び番頭は奉公人の等級を見計《はか》らひ順序を乱さず相渡すべし、奉公人中若し自儘《じまま》なる衣類を着たる者は、篤《とく》と吟味の上支配人之れを取り上ぐべき事。

右の箇条各々堅く相守り、立身出世すべし。

別に解説の必要はないと思うが、順に要点だけいえば、最初に「地域内において礼節を守る」ことを求め、次に「不易を守って、いたずらに流行に迷うな」と戒め、「客を絶対に差別するな」と命じ、店内においては「秩序に従って行動すること」を求め、しかし「能力者は、年功序列を問わず抜擢する」ことを告げ、同時に「その能力を鼻にかけて、いたずらに秩序を乱す者はただちにクビにする」ことを宣言し、「いままでの経営に大きな変化をもたらすような事柄については、店全員でよく相談して決めること」を命じている。

いまは、

「日本式経営はもう役に立たない」

といって、多くの企業が従来のやり方を改めたり、あるいは投げ捨ててしまっているが、この「家則」を読んでみると、いまの日本人がやっているような、

「白か黒か」

あるいは、

「オール・オア・ナッシング」

などというような短絡した思考方法は取っていない。硬構造ではなくソフトな軟構造的

思考方法を取っている。つまり、

「組織の秩序は重んずるが、それにこだわらずに、能力者はどんどん登用する。しかしその能力者が能力をかけて、勝手気ままなふるまいをするときは懲らしめる」

と、

「硬と軟の巧みなバランス」

を考えていることがわかる。現代のように機械文明が発達していなかった時代だけに、余計、

「チエ」

を出していたのだ。近江商人の家訓に共通するのは、

「信用・勤勉・始末」

といわれる。信用を得るためには当然、

「正直で堅実でなければならない」

ということが求められる。すべて、かつての日本式経営の基盤になっていたものだ。この「不易」の部分を、すべていま役立たないというような決めつけ方をして、投げ去るのはやはり間違いだろう。

外に出て育ったアユ
―高島商人―

近江商人という「琵琶湖のアユ」たちが「外に出て大きく」なれた秘訣は何か。行先の人々から利益を奪い取って近江に帰ってくる、というやり方では決してない。彼らは、進出先に根を生やし、地域と共に栄えることを目指した。

南部をめざす

近江では、

「琵琶湖のアユは外へ出て大きく育つ」

といういい伝えがある。これは現在でも通用するいい方だが、他国へ出て行って大成した進出商人のことをいう。近江商人には、こういうグループが多い。近江商人といっても、滋賀県全体の商人を総称するわけだが、県内では、八幡商人、日野商人、湖東商人、それに高島商人という四つのグループをさすようだ。この中で、高島商人が異色な経営活動をおこなった。それは主として南部（岩手県）で、完全に根を生やし、大きく育って地域の経済の大きな担い手になったことである。

高島商人の拠点は、琵琶湖西岸の高島だった。戦国時代ここには大溝城《おおみぞ》があった。湖西ではただひとつの城下町である。城をつくったのは織田信澄《のぶすみ》だった。信澄は、信長の弟信行の子だから、信長には甥にあたる。弟の信行は、父母に愛されて、場合によっては長男の信長を排し、代わりに織田家を相続する勢いを示した。これを憎んだ信長は、信行を殺

してしまう。信澄にはそういう因縁があった。かれの妻は明智光秀の四女である。したがって、伯父の信長を光秀が殺したときは、

「織田信澄も、明智光秀に味方している」

といわれ、丹羽長秀や織田信孝らに攻められて、悲惨な最期をとげた。その後の大溝城主は、丹羽《にわ》長秀、加藤光泰、京極高次《きょうごくたかつぐ》らが次々と入り、やがて元和五年(一六一九)に、伊賀上野から分部《わけべ》光信が二万石で移封され、明治維新まで十二代つづいた。

大溝の城下町がつくられるころに、おそらく信澄の時代だろうが、

「城下町の繁栄」

をはかって、他国からしきりに商人を招いた。その中に村井新七がいた。村井家は、元は和泉《いずみ》岸和田の城主浅井信氏の子孫だと伝えられている。村井新七は、大溝の城下町に拠点を定めると、やがて南部へ進出していった。つまり、

「琵琶湖のアユは、他国へ出て大きく育とう」

という精神を発揮したのである。しかしかれの考えは、自分一家だけが栄えようという了見ではなかった。

「まず自分が進出して拠点をつくり、次々と湖西から仲間を招いて、共同して近江商人の

名を高めよう」

　ということである。そのため村井新七が南部の城下町（盛岡市）につくった拠点を、続々と後からつづく近江商人たちは、

「わらじぬぎ場」

　と称した。新七はすでに得た情報や、先発の他国商人たちの経営方法などをつぶさに調べ、これを後輩たちに伝えた。これらの商人は、井筒屋・鍵屋などと名乗った。村井権兵衛がまず新七の〝わらじぬぎ場〟の世話になり、やがて志和（紫波）で独立した酒造業をはじめた。分家として、井筒屋清助、井筒屋善助、芳野屋宇兵衛、井筒屋権右兵衛、村井又兵衛などの錚々たる商人群を生んだ。

　当時、南部地帯にはもう一グループ強力な行商人がいた。越中富山の薬売りである。このグループは、富山に製造元をおき、そこの直売という形で行商人が派遣されていた。そこで行く先別に、南部組とか仙台組とか秋田組というように売り手が十数人でグループをつくっていた。だいたい得意先も固定していた。しかし当時の南部城下町では、庶民が薬が欲しくても、現金の持ち合わせが少ない。城下町の商人たちも、経営上財政難に陥ると、藩から、

「市日おろし銭」

と名づけられた資金を借りなければ決算ができないという状況に追われていた。

藩のニーズを認識

江戸時代の藩すなわち大名家は、現在でいえば、

「十割自治」

である。財政難に陥ったからといって、いまのように地方交付税や補助金などない。中央政府である徳川幕府は、

「藩の財政は、藩の自己完結によっておこなえ」

と突き放していた。したがって各藩にすれば、それぞれの藩内でできる産物の振興によって、経営資金を調達しなければならない。ということは、確保している正貨が他国へ

流出することを嫌う。そこへ他国から商人がきて品物を売りつけ、せっかく貯めた正貨を持ち出してしまったのではなんにもならない。藩にすれば、

「藩で生産した品物を買いつけて、正貨を藩に残していく」

ような商人が望ましい。こういう状況だったから、富山の薬売りがやってきても、薬が生活に欠くことのできない品だということを知りながらも、城下町の庶民たちはなかなか手が出せなかった。そこで富山の行商人たちは、

「お代はいまいただかなくても結構です。来年またやってきますから、そのときに使った薬の分だけのお代をいただきましょう」

といい、出した薬を入れた大袋をおいていって、翌年やってくると中を調べ、使った分だけの代金を請求する。これは城下町だけでなく、無医村時代の農村にとっては、たいへんな福音だった。それに富山の薬売りは、

「ここにくる途中で、こういう事件をみました、ききました」

と、旅の途中で見聞したことをおもしろおかしく情報として伝える。当時、情報に飢えていた、とくに農村の人びとにとって、富山の薬売りは、

「薬を売るだけでなく、ききたい情報も知らせてくれる」

ということで大評判になっていた。

村井新七は〝わらじぬぎ場〟をいとなみながら、こういう富山の薬売りの実態をじっとみつめていた。そして分析し、

「富山の薬売りとはひと味違った経営方法を生むことが大切だ」

と考えた。かれが一番引っかかったのが、

「藩庁は、貯めた正貨が他国へ流出することをひどく嫌がっている」

ということだ。ではどうするか。新七が考えたのは、

「上方から持ち込んだ品物を売った代金で、そのまま南部地の名産品を買いつけることだ」

ということだった。これなら藩の役人も何もいうまい。売りつけられた分だけ、南部藩の生品が買い取られるわけだから、勘定はとんとんである。いい品があれば、近江商人は自分たちの資金を持ち出してでも買いつけていく。

「近江商人の商法は、なかなかいい」

ということで、藩政府も近江商人の活動を歓迎しはじめた。なんといっても、東北地方は北限があって、とくに木綿・茶・みかん・ローソクなどが不足する。これらの品は生活

必需品だから、喉から手が出るほど欲しい。近江商人はそれを持ってきてくれる。そして、売った代金をそっくり南部産の品物の買いつけという形態を取ってくれた。新七たちは〝わらじぬぎ場〟を拠点に、さらに新しい商法を編み出した。それは、富山の薬売りが薬の製造元を核とし、薬売りたちはその製造元の派遣従業員だったということだ。

「これでは、苦労して他国へ品物を売り歩いても、商売の楽しみは少なかろう」

村井一族はそう考えた。そこで、

「各店の主体性を生かしながら、近江商人として心を合わわせ、結束していこう」

という方法を編み出した。ということは、

「近江に本店をおくのはいいが、この南部の地にも根を生やさなければだめだ」

ということだ。したがってはじめは高島本店、盛岡支店という形態を取ったが、しだいに盛岡の支店群がそれぞれ本店的な色合いを深めていった。そして、互いに手を結び合う。が、やはり中心になるような店をどこかにおく必要がある。それはやはり、なんといっても情報の集積地である京都がよかろうということで、京都に本店をおいた。井筒屋善助（志和で酒造業をはじめた村井権兵衛の長男）を本店のあるじにした。

富山の薬売りの逆を行く

経営方法が秩序立っている。

- 経営種目は、酒醸造業、金融業、古着業などとする。
- 商売のやり取りは、現地からは砂金で代金を受け取る。
- これを京都の本店に送り、京都での質屋・酒屋・油屋などに投資する。
- 南部方面の支店の会計は、「店《たな》会計」と「家庭会計」とに分ける。
- 店会計は一ヶ年ごとに店卸しをおこなって、営業報告書と利潤金を京都の本店に送る。そして監査を受ける。
- 京都本店では監査をおこなった結果、その報告が適正ならば、利潤金に多少報奨金を加えてこれを賞与として送りかえす。
- 損金があれば、損失補填は本店で貸与し、前の元金と同額で経営するように指導する。

・南部の支店の全体経営については、上席の支店を定めて、この支店長や主席番頭が集団指導をもって、それぞれの支店の監査や、営業指導をおこなう。

などであった。したがって、南部方面の支店では番頭の力がしだいに強くなっていった。これは、働く者に大きな希望を持たせた。

かれらがとくに意を用いたのが砂金の輸送である。これは道中における盗賊を警戒しなければならないので、輸送者はときには武士のいでたちをしたこともあったという。あるいは、植木商人を装って、盆栽の中に金を入れて運んだという。

村井新七に遺訓がある。かれの家は、武士から商人に転身したために、どうも武士に対するアレルギーがあったようだ。遺訓の中では、

「仏教を信じ、儒教を排すべし」

と主張している。

「たしかに儒教は、五常を守り、父母に孝し、家業を怠らず、今日の勤めを大事にすべしとあるが、しかし所詮これは士大夫の身分のことに限られることであって、商人にはあまり通用しない。したがって、儒書などは読む必要はない。商人として商売上のことをもっ

と大事にせよ」

と告げている。

村井新七たちからみれば、富山の薬売り商人たちは、

「一年ごとの掛売りで、たしかに相手方の心をつかんではいるけれど、所詮は通りすがりの通過人であって、地域に根を下ろさない」

ということである。こういう教訓から、村井新七たちは、

「南部に根を下ろし、地域の人びとと一体化することによって、さらに地域の振興に参加しよう」

という方針を貫いたのである。これもまた、近江商人の一本の柱的生き方であった。

湖西から人間学の発信
―中江藤樹―

優れた商人たちを輩出した近江の精神的バックボーンが、中江藤樹《とうじゅ》だ。「孝」の対象を地域、国、天にまで拡げた藤樹の教えは、地域の人々に深くしみ込み、「自分の心の鏡を磨こう」という精神は近江の地に脈々と受け継がれている。

近江聖人の里で

これは、滋賀県内で実際にあった話だ。大津市に拠点を持つあるエンジンメーカーが、湖西の安曇川《あどがわ》近くに、支店を設けた。このへん一帯は、非常に静かな町だ。エンジンは高い音を立てる。支店を設けるときにも、このことはかなり論議された。

「ご近所に迷惑をかけるのではないか、店の進出が嫌われるのではないか」

などである。が、踏み切った。それはひとつの考え方を持っていたからである。安曇川は、日本最初の陽明学者として名高い中江藤樹《とうじゅ》がかつて住んでいたところだ。藤樹はかならずしも陽明学者とはいえない。かれの本道は朱子学であって、それに独学的立場からいろいろな要素を加えた。したがって、

「中江藤樹学あるいは中江藤樹教」

といったほうが正しい。かれが地域の人々に学問というよりも、

「人間はどう生きるべきか」

ということを教えた塾の跡はそのまま保存されている。入口に「藤樹書院阯」と表示され

ている。この藤樹書院阯の前に、小さな溝が流れている。下水だが、この下水の水が非常にきれいだ。書院のちょうど前のあたりには、たくさんの錦鯉が泳いでいる。それだけではない。地域の人びとが、この水の中に台を立て、その飢えにそれぞれが丹精した盆栽を載せている。時折変える。これが、地域の美化に非常に役立っている。前置きが長くなったが、この地域に支店を設けたエンジンを扱う企業の人びとが合意し、行動に移そうとしたのだが、

「地域への清掃奉仕」

である。朝早く出勤し、みんなが箒《ほうき》を持って地域を掃く。これをくり返した。この行動がしだいに地域の人びとの目に映った。

「エンジンの高音は公害だ」

と感じていた人たちも、社員たちの誠実な態度に胸を打たれ、しだいに悪感情が軟化していった。そして、とくにエンジン製品の中でも高校生向けのものが、非常に愛され売れるようになったという。

この企業の社長はもともと、

「人間は、どう生きるべきか」

ということを、始終自分なりに模索している人物だ。安曇川で発見し、社員たちに命じ

たのはおそらく、

「中江藤樹先生の精神を、現在に生かせ」

ということだったと思う。

馬方に感動した蕃山

中江藤樹は、一時期は祖父の跡を継いだ武士だったが、やがて母に孝養をつくすために琵琶湖畔の小川村に戻ってきた。私塾を開いたが、かれは単に学問を教えていただけではない。商売もおこなった。刀や手持ちの財産を売っては、酒や米の商売をした。また金融業もおこなったようだ。しかし利子が安く、催促をしないので人びとはその徳に感謝し、催促なしであっても、必ず借金は返済した。

有名な話に、

「馬方又左衛門のエピソード」

がある。これは、加賀藩前田家の飛脚が、湖西の道を通って大坂にいく用があった。このとき、二百両の金を持っていた。湖西を通りかかったときに、馬に乗った。ひいていたのが又左衛門である。湖西の常宿に着くと、飛脚はそこに泊った。又左衛門は馬をひいて小川村に戻ってきた。ところが部屋に入って飛脚は、二百両の金がなくなっていることに気がついた。まっ青になった。一方又左衛門は、自分の家に戻ってくると鞍の間に二百両の金包みがあるのを知った。ハッとした。

「これは、あの飛脚さんが忘れたものだ」

そこであわてて飛脚の泊っている宿へいって、二百両の金をさし出した。

「これは金を失った罪で、首を切られる」

と覚悟していた飛脚はよろこんだ。そこで、一割の礼金をさし出した。ところが又左衛門は首を横に振った。

「あなたのお金をあなたにお返しするのに、お礼を貰《もら》ういわれはありません」

といった。飛脚は金額を減らして、

「せめてこれだけでも受け取って欲しい。私は生命を救われたのだから」

といった。が、又左衛門は受け取らない。どうしてもというので、又左衛門はついに妥協案を出した。それは、

「このお金で、宿に泊っている方々にお酒をふるまってください」

ということだ。おそらくその宿は木賃宿で、貧しい旅人たちがたくさん泊っていたのにちがいない。飛脚も宿の亭主も呆れた。

「おまえさんは、なぜそんなに正直なのだ」

ときくと、又左衛門は、

「村に中江藤樹先生という学者さんがいらっしゃって、わたしたち人間が毎日どう生きていけばいいかを教えてくださるからです」

と答えた。伝えによれば、このやりとりをみていたのが備前岡山・池田家の家臣で、学者でありながら経営能力のすぐれていた熊沢蕃山《ばんざん》だったという。熊沢は当時、池田家における藩政改革でいきづまっていた。その打開策を求めて、たまたま祖母が琵琶湖畔の桐原というところに住んでいたので、そこに戻って、

「美しい自然に接して、頭をクリアにしよう」

と考えていた。かれは中江藤樹の名をきくと、いてもたってもいられなくなってすぐ、

「藤樹先生に門人にしていただこう」

と決意した。ところが、訪ねてきた熊沢に藤樹は冷ややかだった。

「自分は、門人など持つような学者ではない。地域の人びととともにまなんでいるだけだ」

と突っぱねた。雪が降りはじめた。熊沢は、その雪の中にじっと坐り込みをおこない、
ついに藤樹の母が、

「お気の毒だから、せめて家の中に入れておあげなさい」

と藤樹に命じ、熊沢は家の中に入ることをゆるされた。そして入門もゆるされたという。

藤樹の教えは、深遠なところがあって、むずかしい。というのは、宇宙論も唱えているからである。しかしろくに字も読めない民衆に対しては、きっとわかりやすい学説を説いたにちがいない。そのひとつに、

「人間は、誰でも心の中に美しい鏡を持っている」

という教えがある。

「だから、この鏡をつねに磨くように心がけなければならない。磨くというのは、私利私欲に走って、他人の迷惑を考えないような曇りを鏡にかぶせてはならない」

ということだ。だから門人だった馬方の又左衛門をはじめ、地域の民衆たちは、すべて、

「毎日せっせと心の鏡を磨こう。曇らせてはならない」

という一点集中的な生き方をしていたのである。そういう又左衛門にとって、飛脚が忘れていった金を届けることは、

「自分の心の鏡を曇らせないための、当り前の行為」

だったのである。

『近世畸人伝』

この中江藤樹のことを、最初に世の中に知らせたのが、やはり近江国の近江八幡商人だった伴蒿蹊《ばんこうけい》である。伴蒿蹊の家の跡は、現在図書館になっている。伴蒿蹊は、いろいろな学問をまなんだが、やがて、

『近世畸人《きじん》伝』

という書物をあらわした。これは、かれが実際に会ったり、あるいは他人からきいたりした〝畸人〟と呼ばれる人物の小さなメモのようなものだ。たくさんの人が書かれている。しかし畸人というのは、「変わった人物」ということではない。

「自分の信念に忠実で、他人がどう批判しようとも、それを貫いた人たち」

のことである。あらゆる分野にわたっている。中には「忠僕」と呼ばれた働き手もいる。そして、この本の巻頭に掲げられているのが中江藤樹である。同郷人だったからということではなかろう。伴蒿蹊も、中江藤樹の学説の中に、

「いまのような乱れた世の中では、藤樹先生の教えがもっとひろまらなければだめだ」

と考えていたにちがいない。そう思うと、馬方又左衛門に代表される藤樹門人の行動は、

「字句の解釈に沈湎《ちんめん》する非実用的な学問」

でないことがよくわかる。藤樹は、

「いま生きている人びとの役に立たなければ、ほんとうの学問とはいえない」

と考えた。

かれの学説のもうひとつの柱は、

「孝をつくそう」

ということだ。しかし孝というのは、単に親に対するものだけではなく、地域に対する孝、国に対する孝、そして天に対する孝というようにエスカレートしていく。

「そうすれば、この社会がほんとうにヒューマニズムに満ちたユートピアになる」

と考えていたにちがいない。藤樹書院跡前の溝で泳ぐ錦鯉やおかれた盆栽、あるいは清潔な町、そしてエンジンを扱う企業の支店の清掃運動などは、すべてこの
「江戸時代の藤樹精神」

をいまだに引き継ぎ、それを一種の、

「地域のC・I（コーポレート・アイデンティティー、あるいはコミュニティー・アイデンティティー）」

としているといえる。これも、近江人の特性のひとつである。

日朝交流の第一人者

―雨森芳洲―

相手方を理解して誠実な交流をし、社会にも貢献する。琵琶湖畔に生まれ育った雨森芳洲《あめのもりほうしゅう》。儒者ではあるが、朝鮮との国交においてごまかしのない関係を築く努力をした芳洲もまた、近江商人精神の具現者と言っていい。

グローバルな儒学者

徳川幕府は、寛永年間（一六二四〜一六四四）に鎖国をおこなった。しかし厳密な意味で国を閉じたわけではない。中国・朝鮮・オランダとは今までと同じように交流を続けていた。朝鮮は、将軍が代がわりのたびに通信使を送って祝賀の意を表した。これに対し、幕府側でも多大な礼をつくした。ところが第六代将軍家宣の時代になって、そのブレーンである学者の新井白石《あらいはくせき》が、

「日本と朝鮮で交わす文書における、両国の代表者の称号がおかしい」

といい出した。それまでは、朝鮮側からは将軍に対し、

「日本国大君殿下」

と書き、幕府側の返書では将軍の名前を「日本国 源《みなもとの》 某」と書いていた。白石は、

「日本で大君というのは天皇のことだ。また朝鮮の大君は王子の嫡子の尊称だ。王の孫のことをいう。したがってこの使い方は適当でない。今後は、両国とも国王とすべきだろう」

といい出した。多くの儒学者が反対した。しかし白石は押し切ってしまった。

このとき、

「それはおかしい」

といって、真っ向から白石に反対したのが雨森芳洲《あめのもりほうしゅう》である。雨森芳洲は、十八歳の時から江戸で木下順庵の門人となり、同門の新井白石・室鳩巣《むろきゅうそう》・榊原篁洲《さかきばらこうしゅう》・祇園南海《ぎおんなんかい》とともに、

「木門《ぼくもん》の五先生」

と呼ばれていた。したがって白石とは相弟子であった。しかし雨森芳洲がなぜ白石に食ってかかったかといえば、当時雨森芳洲は、

「日本で最大の、朝鮮通」

といわれていたからである。雨森芳洲は、対馬藩の儒者だったが、対馬藩のおかれた地理的位置から、朝鮮との交流が深い。伝統もある。そこでかれは進んで朝鮮語を習い、また中国語も習った。かれはつねにこういっていた。

「その国を知るためには、その国のことばをまず知ることが必要だ。言葉を通じてその国を知れば、かならずその国が好きになる。そしてその国が幸福だけでなく、不幸な場合があることも知る。わたしは、朝鮮の不幸も知るような日本人でありたい」

つまりいまでいう〝善隣外交〟を主張していた。したがって、単に朝鮮を隣人の国として考えるだけでなく、

「積極的に貿易もおこなうべきだ」

と告げていた。現在でいえば、

「グローバルな感覚をもった儒学者」

といえる。

国を知るには言語から

滋賀県は、琵琶湖に対する地理的位置によって、湖南・湖東・湖西・湖北などに分類される。雨森芳洲は、湖北の伊香《いか》郡、現在は長浜市高月町の雨森出身だ。家は医者だったという。はじめは、家業につくつもりでいたが、やがて、

「儒学者になりたい」

と志して、前記のように木下順庵の門に入った。順庵の塾は、門人達を大名家に就職斡旋することでも有名だった。元禄二年（一六八九）に、芳洲は対馬藩宗《そう》家の藩儒に推薦された。以後、宝暦五年（一七五五）に死ぬまで、実に六十六年の長い間、対馬藩につかえた。しかし主たる仕事はあくまでも、

「朝鮮の実情と歴史・文化などの研究」

であった。当時かれほどの朝鮮事情にあかるい学者はいない。そのため、朝鮮側でもかれに「雨森東（ウサムトン）」と名づけた。かれの通称が東五郎といったので、これを使ったのだ。そのころの対馬藩主は宗義誠《そうよしのぶ》だったが、自分の名を一字与えたので、芳洲は誠清《のぶきよ》と称した。朝鮮から通信使がきたときは、朝鮮側から「真文役」を依頼され、江戸へ随行した。逆に幕府からは参判使や裁判役などを命ぜられ外交使節として朝鮮に赴いたこともある。その誠実な態度を朝鮮側ではひじょうに高く買い、尊敬する人が多かった。今でいえば、

「日朝外交の恩人」

といっていいだろう。かれ自身のことばにあるように、

「その国を知るためには、その国のことばをマスターしなければだめだ」

ということを、対馬藩で実行した。なんといっても外交交渉の場で重要な役割を果たすのは通訳だ。そこでかれは、

・対馬藩内に、朝鮮語通訳を養成する学校を設けること
・待遇改善を図ること

などを建言した。藩はこれを実行した。明治維新までに、多くの朝鮮語に通じた名通訳は、すべてこの学校の出だという。しかもかれは、

「ことばを学ぶといっても、単に技術としてのことばを学ぶだけでは意味がない。才智・篤実さを備えなければならない」

といって、ことばのほかに、人間的にも深みを持つような教育をおこなった。芳洲は、寛文八年(一六六八)五月に生まれ、宝暦五年(一七五五)一月に死んだ。実に八十八歳の高齢であった。ところがかれは、八十歳を過ぎるころから、『古今和歌集』などに深い関心を持ち、自分も、

「一万首作歌したい」

という悲願をたてた。

体の部分に優先順位

生活ぶりは少し変わっていた。娘がひとりいたので、まわりからは、

「早く婿どのを取って、悠々自適しなさい」

と勧められたが、芳洲は意見を開かずに娘を対馬藩士のところに嫁にやってしまった。助言していた連中が、

「そんなことをなさったら、ご不自由でしょうがないでしょう。なぜ、わたしたちが申し上げたように婿どのをお取りにならなかったのですか」

と半分なじるようにきいた。芳洲はわらって答えた。

「もしうちにきてくれた婿どのが気に入らなくて、わたしがガミガミ叱り飛ばすようなことがあったら、あなたがたはかならず、娘かわいさに婿どのをいじめているというにちがいない。そんな評判をたてられたくないから、娘を嫁にやってしまったのだ。わたしのくらしは、自分ひとりでなんとかなる。まだまだわたしは元気だ」

といった。その生活ぶりも、朝早く起きるとまず手習い（書道）を長い時間おこなう。朝の食物はかゆに限った。また、手先が器用なのでいろいろ細工ものをした。とにかく、

「時間というのは、あるとかないとかいうものではない。自分でつくりだすものだ」

といっていた。生き方の上では自然体を愛した。老齢になって、からだの節々が痛むようになっても、

「目と耳と手さえ丈夫ならそれでいい」

と告げていた。なぜこの三つが丈夫ならいいかといえば、

「目が丈夫なら本が読める。耳が丈夫なら世間の話をよくきくことができる。そして手が丈夫なら字を書くことができる」

というのである。だから、

「それ以上なにを望むことがあろうか」

という気持で、生渡を全うした。したがって自分の肉体のほかの部分、たとえば足がうずいて痛かったり、あるいは歯が欠けたりしても、

「そんな痛みは我慢できる。日・耳・手の障害に比べれば、まだまだ我慢できる」

と、いってみれば、

「自分の肉体の各部分のプライオリティー（優先順位）」

をつけていた。こういう考え方は、やはり学問を深めた人物の、強い精神力によるものだろう。

国のすべき仕事を補う

しかしそれではなぜ、近江国琵琶湖畔に生まれた雨森芳洲が、朝鮮との交流にこれほど情熱を注いだのだろうか。

現在は、地方分権の推進がおこなわれているが、江戸時代の各大名家は、

「十割自治」

をおこなっていたといっていい。その大名が管理する地域の行政計画や、その執行に必要な財源はすべて自力で調達しなければならない。中央政府というべき徳川幕府は、大名家がいくら財政難に陥ったからといって、補助金や地方交付税などは与えない。したがって、それぞれの大名家は、

「自力で、その地域を支えていく責務」

を負っていた。現在の地方分権でも同じだが、中央政府は、

「ナショナル・ミニマム（国としての最小限の仕事）」

をおこない、地方自治体は、

「ローカル・マキシマム（地方としての最大限の住民へのサービス）」

をそれぞれおこなう責任を負っている。ナショナル・ミニマムの中には、

「平和の維持と外交」

が入る。しかしそのころの雨森芳洲がみた徳川幕府の外交は、必ずしもこのナショナル・ミニマムの責務を果たしていないと思えたのではなかろうか。とくに朝鮮とのかかわ

りは、日本の国境の島である対馬に拠点をおく宗家の動向いかんによる。

宗家はそのころ、十万石の大名だと称していたが、実際は二万石しかない。山が多いから、それほど米はできない。主に、朝鮮との貿易（それも密貿易）などによって、財源不足を補っていた。

幕府も、対馬藩を一次的な朝鮮外交の拠点とする以上、二万石しかない領地を十万石だと称するために、この藩に限っては多少の補給をおこなっていた。つまり、体面を保つために裏で操作をしていたのである。雨森芳洲の目からみたときに、

「このやり方はまちがっている」

と思えたのだろう。かれの主張する、

「互いの言語を理解することによって、その国情の実態を把握しあう」

ということからすれば、長年日本の朝鮮に対する外交技術は、かなりごまかしが多かった。そのために、いろいろな不幸な事件が起こった。しかし雨森芳洲は心のやさしい人物だから、

「本来徳川幕府がおこなうべき外交を、対馬藩という大名家に一任していたことがまちがいなのだ」

と、今でいえば外交を機関委任事務として、地方自治体である対馬藩宗家に任せている幕府の態度に大きな問題があると感じたのである。そこでかれは、一学者として、このナショナル・ミニマムの欠けている部分を積極的に補うべく対馬に赴いたのだ。その意味では雨森芳洲の生き方は、近江商人の、

「三方《さんぽう》よし（自分よし・相手よし・世間よし）」

の拡大版だといっていい。とくに、国がおこなうべき、

「正しい通訳の養成」

を、一地方自治体である対馬藩でおこない続けたことは、特記すべきことだろう。

いま生きる〝三方よし〟

自分が利益を得るためには、商売相手にも、そして社会全体にも利益をもたらすようにせねばならない。構造改革が求められる現代こそ、自分だけ大切というケチの心では乗り切れない。今、〝三方《さんぽう》よし〟の精神を思い出そう。

財界巨頭の近江精神

明治財界の大物であり、住友の初代総理事だった広瀬宰平《さいへい》がこんなことをいっている。

「我営業は確実を旨とし、時勢の変遷、理財の得失を計りて之《これ》を興廃し、苟《いやし》くも浮利に趨《はし》り、軽進すべからざること。

自利利他公私一如」

意味は、

「わが社の営業方針は確実を根本として、時勢の移り変りや会計上の利害得失を計算して、これを興すか廃するかの決断を下すがよい。しかし、いやしくも利益さえ上がれば何をしても構わないという儲け本位になったり、軽々しくことを進めたりしてはならない。自らを利するとともに社会を利し、公と私がひとつになるようにせよ」

広瀬宰平は、自分の欠点をよく知っていた。幕末から明治にかけて、一時勢いの衰えた

住友を、別子《べっし》銅山の再興によって支え直した巨頭である。しかし猪突猛進の気味があったので、

「二代目は、学問も深く慎重にことを運ぶような人物を迎えよう」

と考えて、政府の司法官だった甥の伊庭貞剛《いばていごう》を招いた。

広瀬も、伊庭も、近江国（滋賀県）出身である。広瀬は、野洲郡入夫《やぶ》村（現野洲市）の医者・北脇理三郎の次男である。そして理三郎の長女が、伊庭貞剛の母親にあたる。

伊庭貞剛は、司法官でありながら、天保の時代に幕府に反乱を起した大塩平八郎を尊敬していた。かれは大塩のような社会正義を貫くことを人生の信条とし、

「大塩平八郎が反幕行動をとったのは、明治維新のルーツだ」

と考えていた。しかし、かれのつかえる明治新政府は、大塩平八郎のような気概を失っていた。この点伊庭は大いに不満だった。そのために、叔父広瀬の招きに応じて、住友に入り、やがて二代目の総理事になった。

「企業組織を危機に陥れるのは、若者たちの過失ではない。むしろ、老人が跋扈《ばっこ》する老害である」

と常々いっていた伊庭は、五十八歳のときに総理事のポストを退いて、まだ四十二歳の

壮年だった鈴木馬佐也に後を継がせた。鈴木は総理事になったときから、

「次の総理事候補に有能な人物をいまから養成しよう」

と考え、東京帝国大学を卒業し高等文官試験にも合格していた小倉正恆《まさつね》に白羽の矢を立てた。しかし小倉が、

「住友に入る以上、何か特典が欲しい」

といったため、鈴木は先代の伊庭に相談した。伊庭はこともなげに、

「外国へ留学させてやれ」

といった。鈴木がそのことを話すと、小倉はよろこんで、住友入りを承知し、伊庭のところに挨拶にきた。

「総理事がわたしに海外留学をさせてくださるそうですが、どこへいって何を調べてくればいいのでしょうか」

するとと伊庭はわらいながらこういった。

「べつだん何も調べなくていいよ。外国で気に入ったものがあったら、勉強するなり見学するなりすればいい。費用は全部出してやる。そして帰国後に、住友に戻るのがいやだったら、どこか好きな会社にいっても構わない」

小倉はびっくりした。鈴木との話では、

「ソロバンや帳簿など細かい仕事はしなくてもいいから、今後住友がどういう方向に向ってすすめばいいのか、そのために何をすればいいのかというような理念とか将来の構想を頭の中で練ってくれればいい」

といわれていたからである。ところが伊庭は、

「そんな必要はない。海外留学で得たものを、住友以外で生かしたいと思ったらそっちへいけ」

とこともなげにいうのである。

これは伊庭が叔父の広瀬から学んだ、

「自利利他公私一如」

の精神に基づくものだろう。そしてもっと突っ込んでいえば、この思想が近江商人特有の、

「三方《さんぽう》よし」

につながっていく。

近江商人の三方よし

三方よしというのは、「自分よし・相手よし・世間よし」である。近江商人の代表者に中井源左衛門がいる。中井源左衛門が文化二年（一八〇五）に書いた『金持商人一枚起請《きしょう》文《もん》』は有名だ。全文は前述しているので参照されたいが、内容はこうだ。

「多くの人は、金の溜る人は運がよく、自分には運がないのだなどというが、これは愚かで大きな誤りだ。運などということはない。金持ちになろうと思ったら、酒宴遊興や奢りを禁じて、なによりも長寿を心がけ、始末第一にして商売に励むよりほかに方法はない。このほか貪欲を志せば先祖の加護を受けられないし、天然自然の理にもはずれる。第一始末と吝（ケチ）とは違う。無知な人は同じことのように思うかもしれないがまったく別ものだ。奢りをしていると光がなくなり、始末をしていると光明にあふれて、十万億土にまでおよぶだろう。そう心得て実行したなら、五万十万の金のできることは疑いがない。ただし運不運ということもある。国の長者と呼ばれるような身の上になるのには、自分一代ではだめだ。二代三代もつづけて善人が生れ出ることが必要だ。それを祈ろうと思ったら、陰徳を積み、善事をおこなうことが大切だ。後々の子孫の奢りを防ぎたいために、こうして自分の考えるところを書き記しておく次第だ」

この中で重要な指摘がいくつかある。ひとつは、「始末とケチとは違う」ということだ。また、「国の長者と呼ばれるようになるには、一代ではだめで、二代、三代と陰徳・善事を積むことが必要だ」という指摘である。

IT社会に生かす

現在、日本ではいまだに、「リストラ旋風」が吹きまくり、定着してしまった。ところが筆者個人の考えでは、「後ろ向きの経営・働く者いじめ・なんでも節約」という日本におけるリストラの定義はあきらかに誤っている。

ほんとうのリストラクチャリングというのは「再構築」という意味だ。客の要望があれば当然拡大再生産あるいは新規事業を興すような積極経営もおこなわなければならない。しかし全体に財政の規模が小さくなり、金詰まりだ。

「いったい、どこから拡大再生塵や新規事業を興すような金を生むのだ？」

という疑問が当然わく。これには、客の求める仕事を優先順位におく重点主義をとることが必要であり、まさに「例外なし」の全面的な仕事のみなおしをおこなわなければならない。それもトップがガンガンいうのではなく、現場のほうから従業員が立ち上がって、

「いま自分たちがやっている仕事は、果たして客のために必要なのか」

という疑問を持ち、大いに論議し、合意してその仕事を廃止するか、中止するか、あるいは規模を縮小するなどの思いきった手術をしなければ、必要な金など生れてこない。

が、多くの場合、こんなことをやれば、

「総論賛成、各論反対」

ということになる。これに対し全構成員が、

「納得して、新しい事態に的確に対応していく」

という体制づくりが真のリストラクチャリングなのである。いまおこなわれているリストラはまさに中井源左衛門のいう〝ケチ〟であって、〝始末〟ではない。始末というのは、

「客の需要に応じて、拡大再生産や新規事業をおこなうために必要なものを捻出する工夫（才覚）」

をいうのだ。中井源左衛門は、近江商人に共通したこの哲学を、自分の家訓の中に書いたにすぎない。

むろん、商売は決して社会奉仕ではない。やはり、「自身の利益」を無視するわけにはいかない。三方よしの〝自分よし〟というのは、

「自分の利益を得る」ということである。〝相手よし〟というのは、「客あるいは取引相手も利益を得る」ということだ。そして自分と取引相手がともに利益を得れば、それが拡がりを持って、「世の中全体が得をする」ということになる。これが三方よしの精神だ。そう考えると、近江商人たちが自分たちの信条にしていたこの考え方は、いまもっとも必要な経営方針といえるのではなかろうか。近江出身の財界の巨頭広瀬宰平がいった「自利利他公私一如」というのは、そのことである。

近江商人の特性には

「利益の地域への還元」

がある。近江商人の発生地は、滋賀県内でも所々に分かれている。それぞれの地域名を

付して、「ナニナニ商人」と呼ばれる。しかしこれらの商人たちは、ナニナニといわれた自地域内のことだけを考えていたわけではない。たとえば、いまでいうインフラストラクチャー（基盤整備）でも、五個荘の商人が金を出して、大津の道路を改修したりする。仲間に「なぜ、あんな遠くの道路を直すのだ？」ときかれると、わらって、

「大津は交通の要衝だ。あの道路が傷んでいたのでは、われわれも困る。旅人も困る。大津の道路を直すことは、結局はわれわれ自身の利益にもつながるのだ」

と答えた。これもまた、「自利利他公私一如」あるいは、〝自分よし・相手よし・世間よし〟の理念につながっていく。

しかしこういう考え方を持つためには、なんといっても、

「小さいときからの教育としつけ」

が大事だ。近江商人たちはこのことを実現するために、それぞれの地域で多くの寺子屋をつくった。江戸時代、近江国ほど寺子屋が多かった国はない。それだけ教育熱心だったのだ。それはまさに、

「人づくりこそ、国の繁栄につながる」

という公私一如の精神があったからである。

広瀬宰平やその甥伊庭貞剛に例をみる「後進育成」も、その流れに沿っている。つまり、「世間よし」に結びつく、〝公私一如〟の精神なのだ。

バブル経済が崩壊したのちに、日本の経営者の多くが投げ捨ててしまったいわゆる「日本式経営」は、現在でも外国でそのいいところをみなおされている。エズラ・ヴォーゲルやドラッカーなどは、その代表だろう。また、日本の企業でも、二十一世紀でいよいよ繁栄しているところのトップは、「うちの武器は日本式経営の活用だ」と公言する。

日本式経営のすべてがいいというわけではない。改善すべきところはたくさんある。が、根本は、「客と企業者と働き手の三者における信頼関係」が土台になっていたはずである。すなわち、「自分よし・相手よし・世間よし」の〝三方よし〟であったはずだ。この考え方は、二十一世紀のＩＴ社会に入っても、十二分に活用できる。というよりもむしろ、改めて回復・確立すべき経営理念ではなかろうか。

本書は一九九七年二月から二〇〇一年七月まで滋賀県発行の広報誌「りっぷる淡海」に連載されたものを収録。

著者略歴

童門　冬二（どうもん　ふゆじ）

1927年東京生まれ。1978年に東京都庁退職後は執筆活動に専念し数々の話題作をあらわす。滋賀県 AKINDO 委員会設立に関しては構想検討委員として尽力、滋賀県の「あきんど大使」として各地で講演活動などで活躍。滋賀県の歴史・文化の紹介と振興に多大の貢献をしたことにより2004年滋賀県文化賞受賞。主な著書『近江商人魂』『小説蒲生氏郷』『小説石田三成』『小説中江藤樹』（学陽書房）など滋賀県ゆかりの著作のほか『武将を支えた禅の教え』『江戸大商人が守り抜いた商いの原点』（青春出版社）など著作多数。1999年には勲三等瑞宝章を受章。

特定非営利活動法人三方よし研究所

滋賀県が展開してきたAKINDO 事業に関わった滋賀の若手経済人らが中心に、滋賀県の事業を引き継ぎ、近江商人の経営理念普及のための啓発啓蒙活動を展開。2002年に設立し、2012年設立10周年記念出版として本書を発行する。

近江商人《おうみしょうにん》のビジネス哲学《てつがく》

2012年10月20日　初版１刷発行
2019年６月１日　初版２刷発行

著　者　童門　冬二
発　行　NPO法人三方よし研究所
http:www.sanpo-yoshi.net
発　売　サンライズ出版株式会社
滋賀県彦根市鳥居本町655－1
〒522-0004　TEL.0749-22-0627
印刷・製本　サンライズ出版

ISBN978-4-88325-488-0 C0095

近江商人関連書　好評既刊

淡海文庫58

京・近江の豪商列伝

京都新聞社 編著

B6判　226頁　並製　1,500円＋税

「始末してきばる」を徹底的に追及し、熱い志を持っていた豪商たちは、高い倫理観を持ち、自らを律して社会貢献も忘れなかった。江戸時代から明治時代までの豪商の経営哲学、理念は現代の経営者にとっても教訓とすべきところが多い。

淡海文庫31

近江商人学入門　CSRの源流「三方よし」改訂版

末永 国紀 著

B6判　216頁　並製　1,500円＋税

近江商人の経営理念「三方よし」をもとに、CSR（企業の社会的責任）をわかりやすく紹介する近江商人学の入門書の改訂版。「売り手よし・買い手よし・世間よし」の精神は発生の背景に迫り、近江商人たちの実践から現代の経営に生かすことのできるポイントを紹介。

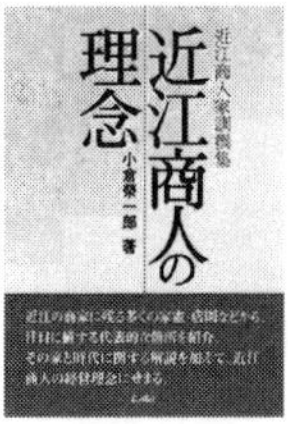

近江商人の理念　近江商人家訓撰集

小倉 榮一郎 著

A5判　140頁　並製　1,200円＋税

近江の商家に残る多くの家憲・店則などから、注目に値する代表的な箇所を紹介。その家と時代に関する解説を加えて、近江商人の経営理念に迫る。

近江旅の本

近江の商人屋敷と旧街道

三方よし研究所 編

A5判　128頁　並製　1,800円＋税

近江八幡、五個荘、高島、日野、豊郷……。旧街道沿いなどに残る商人屋敷の案内とともに、代表的な近江商人の業績をあわせて紹介。多数のカラー写真とともに観光ガイドも掲載。